我在索羅門群島

台灣大使的美日戰場見聞錄

羅添宏大使●

MY TIME IN SOLOMON ISLANDS

World War II Battleground through the eyes of an Ambassador

目錄

下部

索羅門群島與戰役位置

The Solomon Islands

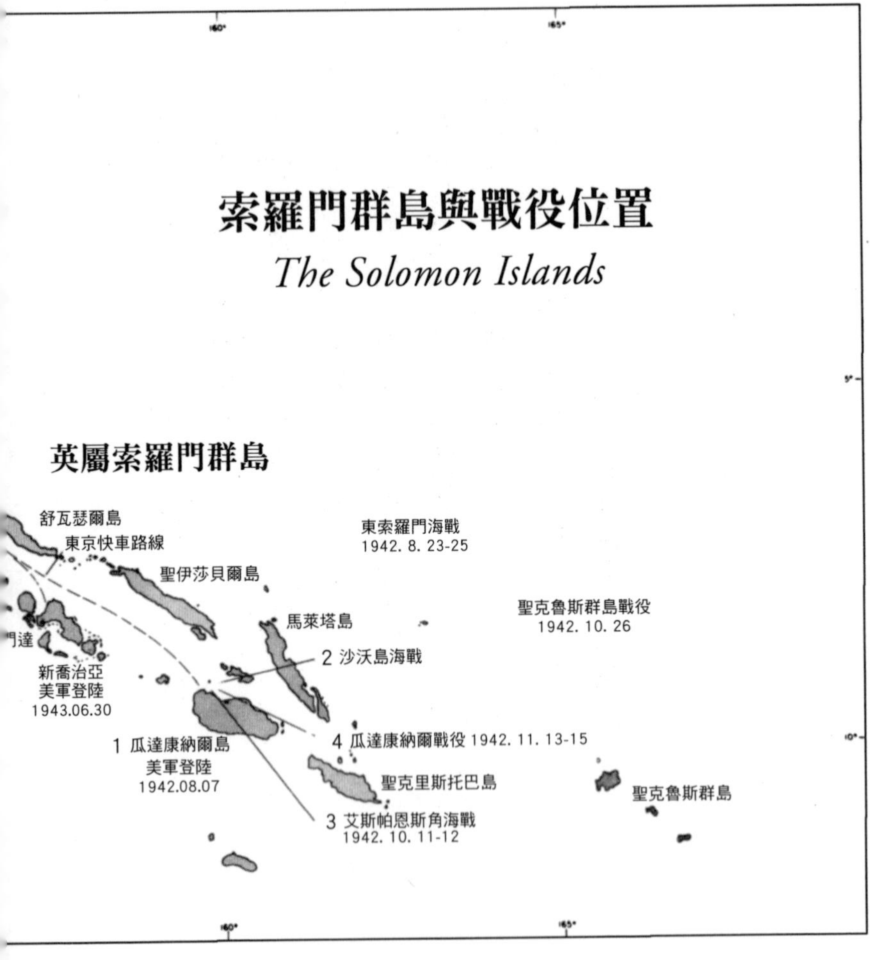

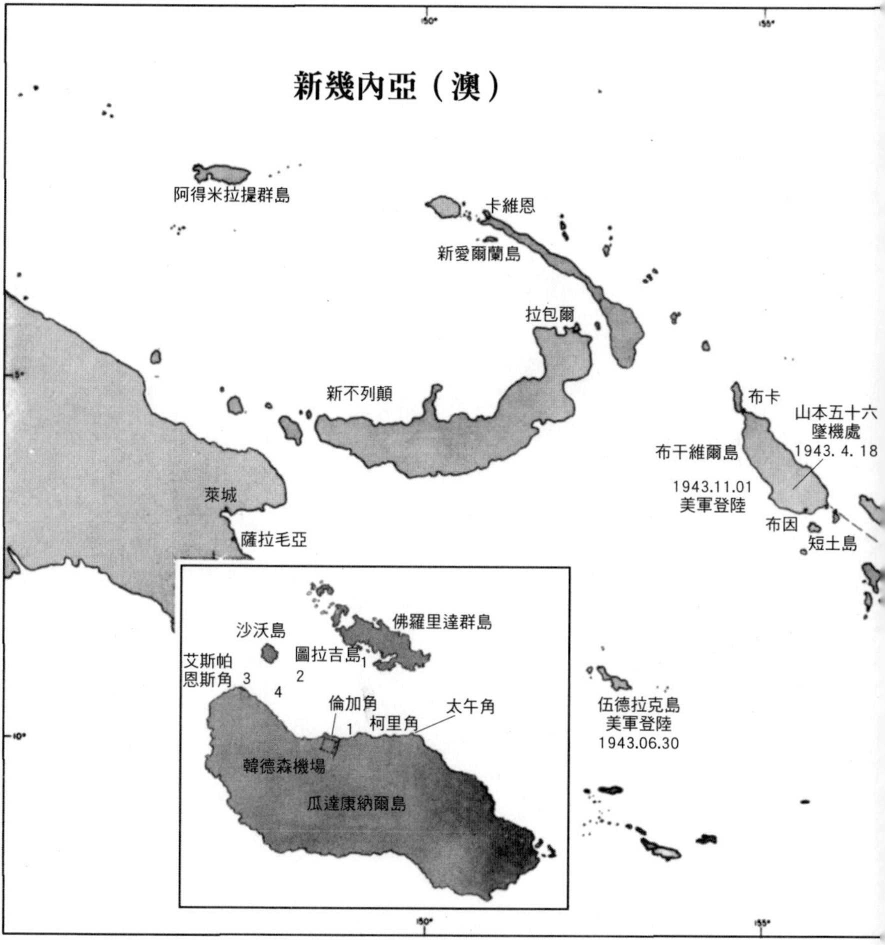

新幾內亞（澳）
150°
155°
阿得米拉提群島
卡維恩
新愛爾蘭島
拉包爾
新不列顛
布卡
山本五十六
墜機處
1943. 4. 18
布干維爾島
1943.11.01
美軍登陸
布因
短土島
萊城
薩拉毛亞
佛羅里達群島
沙沃島
圖拉吉島
1
艾斯帕
恩斯角
3
2
4
倫加角
1
柯里角
太午角
伍德拉克島
美軍登陸
1943.06.30
韓德森機場
瓜達康納爾島

推薦序

前外交部部長、前監察院院長 錢復

我國前駐索羅門群島羅添宏大使以近著《我在索羅門群島》書稿送閱並囑撰序，深感榮幸。

我是二〇〇八年十月前往首爾參加「首爾—台北論壇」年會，承駐韓陳永綽代表安排前往韓國文化古城慶州參觀，當時羅大使擔任駐釜山辦事處處長。當天專程由釜山前來陪伴我們作半日遊，這是我初次和羅大使見面，但是一路參觀一直聽羅大使詳細介紹，如數家珍。我很欽佩問他在釜山任所有多久，他說不到兩年，但是對於轄區一事一物都認真考證，同時也開了一個部落格介紹韓國南部各景點的歷史、文化，深受國人甚至韓國友人的讚許。我告訴他這是外交官的良好典範。

羅大使於二〇一六年奉派出使索羅門群島，他一本過去的好學不倦的精神仔細研究該國的一切，也全力結交索國政要與意見領袖。可惜他因為過度辛勞於二〇一九年五月發生心肌梗塞，奉調返國休養，然而在新任大使呈遞國書前索國與我國斷交。

羅大使於恢復健康後將他在索國蒐集到有關一九四二年八月起長達六個月的盟軍（美澳聯軍）與日軍在瓜達康納爾島的歷次戰役的詳細資料寫成本書。瓜達康納爾戰役是二次大戰中盟軍在西南太平洋地區所獲得第一次勝利，對於日軍偷襲珍珠港予以報復，當時的罪魁禍首山本五十六聯合艦隊司令長官也為美軍擊斃。由於此一戰役的成功，美國開始了跳島作戰計劃，最後直接進攻日本。

作者知道戰史的寫作多是血腥的，為了使讀者容易消化，所以加了許多人情味的故事，如兩位曾在索羅門群島服役的美國總統：一位是魚雷艇艇長甘迺迪，他的魚雷艇被日本驅逐艦由中間衝撞成兩段，他和同僚在無人島上飢寒交加數日才被救回。另一位是沒有放過一槍也沒有參加任何戰役的尼克森。

羅大使為了使讀者能更融入書中所描述的事件和人物，在本書每章後都附有相關的圖片，使這本圖文並茂的大著能讓讀者大飽眼福。

前言

日本於一九四一年十二月七日偷襲珍珠港之後，便瘋狂地向東南亞及西太平洋侵略，先後佔領香港、菲律賓、馬來亞、新加坡及荷屬東印度。日軍有如秋風掃落葉，繼續向緬甸、新幾內亞及索羅門群島等地進軍，氣焰囂張不可一世。

一九四二年三月，駐守菲律賓的美國遠東軍指揮官麥克阿瑟將軍，登上魚雷艇逃離馬尼拉灣口的柯里基多島，輾轉經民答那峨搭乘轟炸機抵達澳洲，被任命為西南太平洋盟軍最高司令。以美軍為主的盟軍積極策劃反攻，第一場戰役就是一九四二年八月七日登陸索羅門群島首府圖拉吉及瓜達康納爾島，並奪取日軍在瓜島所建的一座機場。在美軍登陸後的六個月期間內，日軍總共四度企圖奪回這座具有高度戰略價值的機場，出兵規模一次比一次高，從第一次的九百人升級到六千人，第三次高達二萬人，但是三次均告慘敗。第四次則是部隊還沒集結就遭美軍攻擊而夭折，最後終於放棄瓜島、主動撤離，成為日本自偷襲珍珠港之後的首場陸上敗戰。

瓜達康納爾戰役成為太平洋戰爭陸戰的轉捩點，日軍與盟軍皆投入大量的軍力與資源，極度擴張的日本帝國至此盛極而衰。瓜島戰役（一九四二年八月至一九四三年二月）六個月期間戰況極為慘烈，日軍戰死高達三萬餘人，美軍陣亡也高達七千餘人，雙方飛機及軍艦等裝備的損失更不計其數。有關這場戰役的新聞、著作及電影可謂汗牛充棟。

瓜島戰役之後索羅門群島戰役接著展開，盟軍與日軍在新喬治亞諸島激烈交戰。一九四三年起盟軍登陸布干維爾島及新不列顛島，對日軍重要基地拉包爾形成包圍，直至一九四五年八月大戰結束。期間日本聯合艦隊司令長官山本五十六在索羅門群島的布干維爾島遭美軍飛機攔截擊殺，美國未來的總統約翰甘迺迪指揮PT-109魚雷艇在新喬治亞遭日本驅逐艦撞沉然後成為英雄的事蹟，均是大家耳熟能詳的故事。

作者從小就喜歡閱讀觀看此類有關第二次世界大戰的書籍與電影，所以對索羅門群島及瓜達康納爾島並不陌生。二〇一六年底政府任命我為駐索羅門群島大使，我欣然赴任。二〇一七年一月我到索國首都荷尼阿拉（Honiara）履新，島上到處是二戰遺跡，鏽跡斑斑的美日兩軍飛機、大砲四處可見。七十幾年過去，日本與美國政府還經常派人在島上尋找當年陣亡士兵的遺骸（二〇一八年曾有兩名美國軍人在當地警察陪同下，到大使官邸詢問戰爭期間失蹤的美軍士兵遺骸），而島上也經常發現二戰時期的各種類型未爆彈。二〇二〇年九月兩名外國人（英國籍、澳洲籍各一）在荷尼阿拉處理未爆彈時不慎爆炸身亡。

駐在索國期間公餘之暇我經常去探訪一些當年的戰場。有一次去看日軍第一次攻打韓德森機場的一木支隊遺跡，發現支隊長一木清直居然就是一九三七年七月七日發動盧溝橋事變，砲轟宛平縣城而引發八年抗戰的日軍指揮官，於是對進一步研究瓜島戰役的興趣頓時大增。

二〇一七年八月七日是美國海軍陸戰隊登陸瓜島七十五週年紀念，美軍在瓜達康納爾戰役紀念碑所在位置，荷尼阿拉市郊的天際地區（Skyline）舉辦盛大的紀念儀式，作者代表中華民國政府向盟軍陣亡官兵獻花致敬。

本書並非完整的戰史，而是選取瓜達康納爾戰役及索羅門群島戰役期間一些比較重要及一些鮮為國人所知的故事編撰而成，但是盡量蒐集各項資料尊重史實，並未添油加醋。編輯是按事件發生次序整理而成，大部分章節是以交戰雙方人物為主軸，以增加本書的趣味性及可讀性。

我要藉此表達對內人洪心怡老師的感激之意，她為了陪同我遠赴索羅門群島工作而暫時辭去教職，兩年半期間對我悉心照顧毫無怨言。

我也要感謝燎原出版的查理區肇威先生，沒有他的賞識本書不可能問世。同時我也要感謝虞思祖、宋永福、李嘉維及羅添斌等先生提供的協助，使本書能夠順利完成。

今年是公元二〇二一年，二次世界大戰終戰已逾四分之三個世紀，世界各國曾經參與二戰的老兵幾乎均已凋零。人類因為這場戰爭直接或間接死亡的人數高達數千萬人，可謂人類有史以來最大的浩劫。四分之三世紀過去之後，今天西太平洋的情勢與氛圍與當年太平洋戰爭爆發前頗為類似，說不定下一次大規模的戰爭可能會終結人類的文明呢。特撰此書提醒世人記取教訓，勿再輕啟戰端、重蹈戰爭覆轍。

上部

第一章

珍珠港偷襲，
揭開美國參與太平洋戰爭的序幕

「我恐怕我們將一個沉睡的巨人喚醒了，現在他充滿了憤怒。」

日本聯合艦隊司令山本五十六偷襲珍珠港之後如是說。

日本偷襲珍珠港，開啟了太平洋戰爭的序幕。

一九一八年第一次世界大戰結束及其後的凡爾賽條約（Treaty of Versailles）並沒有解決歐洲及世界各國間的諸多矛盾與問題。一九二〇年代法西斯主義在歐洲逐漸興起，義大利的墨索里尼建立國家法西斯黨，主張民族主義、反共產主義和反工會等特點，獲得了當時義大利中產階級、地主及工業資本家的支持。一九二二年墨索里尼發動政變取得義大利政權，繼而在一九二五年一月宣布國家法西斯黨（Partito Nazionale Fascista, PNF）為義大利唯一合法政黨，從而建立了法西斯主義獨裁統治，成為歐洲法西斯主義的教父。

隨後興起的德國納粹黨在希特勒領導下於一九三三年成為德國國會第一大黨。希特勒被任命為德國總理，逐漸將德國轉變為一黨專制、納粹、極權及獨裁統治的納粹德國，並積極對外擴張。

在亞洲的日本於一八六八年開始實施明治維新，於一八九四至一八九五年甲午戰爭擊敗清國後佔據台灣，繼而於一九〇五年日俄戰爭中擊敗俄國。這個亞洲新興強權在軍國主義的發酵之下，野心勃勃積極對外擴張。一次大戰期間日本加入協約國陣營，輕易地奪取了德國位於中國山東的青島租界，繼之太平洋的馬里亞納群島（Mariana Islands）、加羅林群島（Caroline Islands）及馬紹爾群島（Marshall Island）等島嶼。日本版圖為之大增，儼然躋身世界強國。

一九三一年九月十八日，日軍發動九一八事變，在一百天內迅速佔領整個中國東北。次年三月一日，日本參謀本部及關東軍在中國東北建立「滿洲國」。一九三七年七月七日，日本攻擊河北宛平，盧溝橋事件爆發，日軍進攻平津地區，不久華北淪陷，中日全面開戰。也有史家主張以此為第二次世界大戰之始。

一九三九年九月一日，德國發動閃電戰進攻波蘭，九月三日法國、英國和澳洲、紐西蘭、加拿大等國紛紛正式向德國宣戰，一般所稱的第二次世界大戰於焉爆發。德國於一九四〇年四月入侵挪威，五月攻佔比利時、荷蘭，六月佔領法國。義大利先前已於一九三七年佔領非洲東北角的衣索匹亞，之後於一九三九年四月入侵阿爾巴尼亞，繼於一九四〇年八月入侵英屬索馬利蘭（Somaliland）[1]。日本則趁法國被德國佔領成立維琪（Vichy）傀儡政權後，而於一九四〇年九月二十三日佔領法屬印度支那（今越南、柬埔寨、寮國），引起美國的強烈關注。

美國曾積極參與第一次世界大戰，付出巨大代價卻未取得相應利益。這間接導致美國本土瀰漫著孤立主義，不希望美國牽涉在國際的衝突中，從而促成了美國於一九三〇年代通過一系列中立法案（Neutrality Acts）。所以儘管第二次世界大戰爆發，美國至此並未參戰，但是政府及人民比較同情英法陣營，有許多美國軍人以志願名義加入英國空軍對抗德國[2]，也有不少美國飛行員加入陳納德將軍（Claire Lee Chennault）領導的「美國志願大隊」（American Volunteer Group; AVG）協助中華民國對日本作戰，後來被稱為「飛虎隊」（Flying Tigers）。

一九四〇年九月二十七日，德國、義大利及日本三國外交代表在柏林簽署「德義日三國同盟條約」，成立以柏林—羅馬—東京為核心的軍事集團稱之為「軸心國」（the Axis）。軸心國的戰略規劃是德國攻佔俄國南部，日本攻佔蒙古、印度，義大利自北非跨越蘇伊士運河攻佔中東，德、義、日三個軸心國軍隊最終在伊朗會師。一時間軸心國的炙焰開始在地球各地狂燒。

一九四一年七月，美國政府要求日本撤離法屬印度支那，並連同荷蘭與英國禁止對日本

---

1 註：我國與該國於二〇二〇年二月六日互設代表機構。

2 編註：著名的飛鷹中隊（Eagle Squadrons），美國人於美軍正式參戰之前到英國加入皇家空軍，與德國作戰的單位，共有三個中隊。電影《珍珠港》裡的班艾佛列克就是參與了這個單位，而到英國作戰。

出口石油。由於軸心國尤其是日本缺乏石油，發動戰爭尤其需要石油，美國此舉令日本決定必須對美、英開戰，以佔領美屬菲律賓、英屬馬來亞及婆羅洲、荷屬東印度等資源豐饒的東南亞地區。同時也因為日本軍方研判美國勢必干涉日本南進，因此必須先消滅美國太平洋艦隊，日本才能在有利的條件下與美國談判。為此，日本軍方指示海軍聯合艦隊司令山本五十六擬訂攻擊珍珠港的計劃。

一九四一年十二月八日（美國時間十二月七日），日本海軍聯合艦隊共出動六艘航空母艦、三百餘架戰機的兵力，在未及宣戰的情況下分成兩波攻擊珍珠港。美軍被擊沉及重創八艘主力艦、三艘巡洋艦、三艘驅逐艦及摧毀一八八架戰機，造成兩千四百零二人死亡和一千二百八十二人受傷，致使美國蒙受空前巨大損失。但是夏威夷島上的發電站、維修設備、燃料槽和指揮總部大樓等均未遭破壞，最重要的是未來海戰的真正主力航空母艦均不在港內而逃過一劫，導致美國後來可以迅速恢復軍力與日本抗衡。「我恐怕我們將一個沉睡的巨人喚醒了，現在他充滿了憤怒。」聯合艦隊司令山本五十六偷襲珍珠港之後如是說。

日本偷襲珍珠港的行動，對第二次世界大戰的發展有著重大影響。由於日本這次未宣而戰的行動，美國人民憤怒不已，羅斯福總統稱十二月七日是「國恥日」，對日本及軸心國成員宣戰，全國自孤立主義轉為支持參戰；而歐洲的納粹德國和義大利也對美國宣戰，全世界各國幾乎都被捲入戰火，因此發展成為一場名副其實的世界大戰。

窮兵黷武的日本在十二月八日偷襲珍珠港之後數小時內，便瘋狂地向東南亞及中太平洋展開侵略。準備多時磨刀霍霍的日軍幾乎同時對香港、泰國、菲律賓、馬來亞及美國的太平洋屬地關島及威克島發動攻擊。

日本部隊自廣東進攻香港，駐港英軍抵抗至十二月二十五日投降。

日軍於十二月八日先以海空武力自台灣對菲律賓發動攻擊，繼之在呂宋島北、中、南部登陸向馬尼拉進攻，美軍及菲律賓部隊共同抵抗入侵之日軍。一九四二年三月十二日，美國遠東軍指揮官麥克阿瑟將軍偕家人登上魚雷艇逃離菲律賓。五月七日，菲律賓全境陷落，部分美軍及菲軍轉為藏匿山區繼續對日軍進行游擊戰。

日軍於十二月八日入侵泰國，戰鬥僅數小時泰國便俯首稱臣，與日本簽訂了軍事同盟，允許日軍借道進攻緬甸及馬來亞。

自印度支那的西貢，日軍也於十二月八日同步對馬來亞發動攻擊。十二月十日，英國遠東艦隊的主力艦威爾斯親王號（HMS *Prince of Wales*）及巡洋艦反擊號（HMS *Repulse*）在馬來半島東岸外海遭日軍戰機擊沉，日軍在「馬來亞之虎」山下奉文中將指揮下，連續在陸上擊敗準備不足且失去海軍保護的英軍部隊，迫使英軍退守新加坡並於一九四二年二月十五日投降，英國、澳洲及印度部隊遭日軍俘虜者高達十二萬人。

日本所謂南進其實是以荷屬東印度（今印度尼西亞）的油田為第一目標，佔領菲律賓和馬來亞是為了掩護其側翼。荷屬東印度最大的油田位於蘇門答臘的巨港（Palembang）及婆羅洲的峇里巴板（Balikpapan），兩處一九三九年年產量達八百萬噸，超過當時日本年需求量的五百萬噸；此外荷屬東印度還有錫、鋁與橡膠等戰略物資，都是日本發動戰爭所急需。一九四〇年五月十日德國入侵荷蘭，十七日荷蘭投降，但是荷軍繼續駐守荷屬東印度。

日本偷襲珍珠港後，荷蘭流亡政府立即對日宣戰，並在荷屬東印度由荷蘭及美國、英國和澳洲的部隊拼湊而成一支盟軍部隊（簡稱ＡＢＤＡ）[3]，防禦日軍入侵荷屬東印度。日軍從一九四二年一月十一日起開始發動進攻，雜牌軍ＡＢＤＡ無法有效抵擋日軍攻勢，日軍陸續登陸並佔領打拉根（（Tarakan）、峇里巴板、蘇拉威西島、根達里（Kendari）、安汶、帝汶等島嶼，之後從東北西三個方向對爪哇形成包圍。一九四二年三月，荷屬東印度全境落入日軍之手。

日軍在侵略東南亞的同時，也於一九四二年一月二十三日自密克羅尼西亞的特魯克（Micronesia, Truk），出兵攻打澳洲在新幾內亞的屬地俾斯麥群島（Bismarck Archipelago），主要目標是新不列顛島（New Britain）上具有戰略地位的首邑拉包爾（Rabaul）。規模龐大的日本海陸空入侵武力輕易地把僅有一千四百餘人的澳洲守軍擊潰，有如用牛刀殺雞，俘虜了約一千名澳軍。

日軍在佔領拉包爾之後，持續投入大量資源與人力（俘虜與奴工），積極建設成為日本在西南太平洋最大的軍事基地，並以此為跳板，企圖繼續攻打新幾內亞的摩斯比港（Port Moresby），進而威脅澳洲；朝東南則計劃攻佔法屬新喀里多尼亞（New Caledonia）、英國屬地索羅門群島（Solomon Islands）、斐濟（Fiji）及薩摩亞（Samoa），企圖把西南太平洋變成日本的內海。

偷襲珍珠港滿半年，也就是一九四二年六月八日，日本帝國的版圖已經囊括了整個東南亞及西南太平洋。張牙舞爪的日軍在這期間也於一九四二年二月十九日空襲了澳洲的達爾文

---

3 註：American-British-Dutch-Australian Command 簡稱ＡＢＤＡＣＯＭ，即美、英、荷、澳等國的簡稱。存在時間不久，在麥克阿瑟接管西南太平洋司令部以後，ＡＢＤＡ的編制即結束了。

（Darwin），造成澳洲海陸軍重創，有如珍珠港事件的翻版。之後日軍再陸續空襲達爾文及澳洲北岸城市達一百餘次；三月三十一日至四月十日空襲英國在印度洋上的重要基地錫蘭（今斯里蘭卡）的可倫坡（Colombo）及亭可馬里（Trincomalee）；六月三日，日軍派一支部隊佔領阿拉斯加阿留申群島（Aleutian Islands）的兩個島嶼。

海軍方面也以潛艇對盟國進行騷擾。日本潛艇最東曾抵達美國西岸的奧勒岡及加利福尼亞，以艦砲及水上飛機對沿岸進行小規模轟炸。日軍於五月三十一日至六月八日派袖珍潛艇進入澳洲的雪梨港製造騷亂。十一月甚至還派潛艇橫跨印度洋遠赴非洲東岸的馬達加斯加，支持維琪政府對盟軍作戰。

實際上，日本帝國自一九三七年發動侵華戰爭起就已長期陷入泥淖無法脫身，卻又不自量力於一九四一年十二月八日偷襲珍珠港把美國這條睡獅搖醒，之後又四處侵略，在各地點燃戰火把自己有限的國力運用到極限，可以想見終有一天會自食惡果。

一九四二年八月，盟軍登陸瓜達康納爾島，開啟太平洋戰爭美日間一連串短兵相接的序幕，這些發生在西南太平洋長達三年的戰役，可以說是引領日本帝國走向敗亡的方向，也是本書想為讀者分析的歷史進程。

美國太平洋艦隊在日軍偷襲珍珠港之後，冒起濃濃的黑煙。（US Navy）

舉行勝利遊行的日軍，進入馬尼拉之後，戰車做勝利遊行。（US Navy）

窮兵黷武的日本偷襲珍珠港之後，便瘋狂地向東南亞及中太平洋展開侵略。圖為昭和天皇在一九四〇年閱兵的照片。（US Navy）

第二章

瓜達康納爾，從此躍上了歷史的舞台

一座機場改變了瓜達康納爾島的戰略地位，甚至成為太平洋戰爭的轉捩點。

當年的韓德森機場，現稱荷尼阿拉國際機場。（作者攝）

索羅門群島位於西南太平洋，與斐濟、萬那杜及新幾內亞等島嶼同屬於美拉尼西亞島群（Melanesia；黑人島之意），共有約九百九十個大小島嶼，自西北向東南延伸長達一千五百公里，陸地總面積共有二萬八千四百五十平方公里。西元一五六七年十一月西班牙人孟達納（Alvaro de Mendana de Neira）率一五〇名水手搭乘兩艘船自祕魯出發，三個月後在西南太平洋發現了一系列島嶼，他在其中面積最大的島登陸，後來稱之為瓜達康納爾島（Guadacanal），看見島上土著披戴著黃金飾物，以為來到聖經中的「索羅門王藏寶地」，於是把這一系列島嶼命名為索羅門群島。之後西班牙人數度返回，但沒有認真經營成為殖民地。實際上瓜達康納爾島確實有一個金礦位在中部山區，由一家澳洲公司在經營，二〇一四年因為颱風來襲被洪水淹沒而放棄了。

一八八五年，德國佔領了俾斯麥群島，並在新不列顛島東端建立拉包爾港為首府，之後繼續向南擴展佔領了索羅門群島北部的布干維爾島（Bougainville）及鄰近島嶼，成為德國「保護地」；一八九三年，英國佔領了索羅門群島南部的若干島嶼，成立「英屬索羅門群島保護地」（British Solomon Islands Protectorate），並把首府設在佛羅里達群島（Florida Islands）的圖拉吉（Tulagi）。一九〇〇年，英國與德國雙方達成協議，英國放棄在薩摩亞的權利，以換取布干維爾島之外的全部索羅門群島。

圖拉吉島擁有良好港灣貿易繁榮，至太平洋戰爭爆發前有兩百餘名華人在此定居營商，聚集成為唐人街（Chinatown），甚至還有一棟醒目的「中國國民黨所羅門分部」建築。一九四二年二月日軍佔領拉包爾之後，因為日軍在菲律賓及馬來亞等地對待華人極為殘暴，所以圖拉吉當地華人風聞日軍即將入侵前，多半已撤離逃往澳洲或斐濟等地。

日軍據有新不列顛的拉包爾之後，便積極把這個港市要塞化，陸續派駐更多的陸海空武力，以作為攻擊新幾內亞的摩斯比港及索羅門群島的跳板。

三至四月，日軍繼續擴張佔領拉包爾以南不遠、北索羅門群島的布干維爾島，並在其北部的布卡（Buka）修建一座機場，在南部的布因（Buin）修建一個軍港及另一座機場。

一九四二年五月三至四日，日軍派遣一支海軍特遣艦隊自拉包爾出發進攻圖拉吉及鄰近島嶼，防守的英軍兵力極為薄弱，根本無法抵擋，日軍輕易奪取圖拉吉及瓜達康納爾島。但是美國其中一艘參與珊瑚海海戰的航空母艦約克鎮號（USS *Yorktown*, CV-5）組成的第十一特遣艦隊（TF-11），於五月四日抽身三度派出飛機攻擊日軍艦艇，造成日軍菊月號驅逐艦及三艘掃雷艇沉沒[1]，數艘其他艦艇受創。

日軍攻佔圖拉吉之後，迅速把圖拉吉及鄰近的加孚圖（Gavutu）建設成海軍的水上飛機基地。五月二十七日，日軍派員至瓜達康納爾島的倫加角（Lunga Point）觀察可能作為機場的地點。六月十三日，軍部同意在該地建機場的計劃。六月十九日，第四艦隊司令井上成美海軍中將親自前往現場視察[2]。日軍於次日開始清理場地，並於七月六日以十二艘運輸船載來兩千二百名朝鮮工人及五〇〇名日軍士兵，日夜趕工。日軍打算派四十五架戰鬥機及六十架長程轟炸機進駐這個具有戰略價值的倫加機場。

日軍計劃在倫加機場完工後，便可以控制澳洲、紐西蘭與美國之間的航路，進而向斐濟及薩摩亞進攻，是日軍南方戰略的一個重要環節。但此時日軍版圖已經過度擴張，而且在六月四日至七日的中途島海戰海軍慘敗，損失四艘大型的航空母艦，再加上進軍摩斯比港的攻勢並不順利，所以圖拉吉及倫加機場並未派遣足夠的兵力駐守。

1 編註：美軍在一九四二年八月奪回圖拉吉後，把菊月號打撈上岸，至今該艦大部分都還保留在原地。戰後日本民間組成的「菊月保存會」，把該艦的第四砲砲管移回舞鶴市保存。

2 註：井上成美是大日本帝國海軍最後一位晉升大將者，他因米內光政擔任海軍大臣期間就主張反戰，因此逃過戰後的戰犯審判。餘生在橫須賀度過，因為說得一口流利的英語，戰後靠著英語補習教學，以此對自己過去軍人的所為贖罪。

日軍在瓜達康納爾大興土木建造機場的事情，被藏匿在島上的澳洲海岸觀察員（Coast Watcher）發現並通知盟軍，於是美軍多次派偵察機飛臨瓜島密切觀察其發展，偶爾還派B－17轟炸機前往瓜島轟炸阻撓機場工程的進行。盟軍原本比較重視圖拉吉而不注意瓜島，現在後者反而變成盟軍觀察的焦點。

美國海軍軍令部長金恩上將（Ernest J. King）視瓜達康納爾為「通往東京道路上的關卡」，使瓜島成為繼中途島海戰後太平洋戰區的焦點。盟軍於一九四二年五月間就準備要對日軍進行反攻，美國先把第一陸戰師調至紐西蘭，其他盟軍部隊分別進駐斐濟、薩摩亞及新赫布里茲（New Hebrides；今萬那杜）。盟軍把反攻計劃稱之為「瞭望塔行動」（Operation Watchtower），指揮部設於新赫布里茲的艾斯比李杜桑多（Espiritu Santo），並訂定行動日期為八月七日。剛開始，盟軍的規劃是進攻圖拉吉及索羅門群島最東端的聖克魯斯（Santa Cruz），後來才改為圖拉吉及瓜達康納爾。

日軍也察覺到盟軍在南太平洋調動頻繁，但認為盟軍只是要加強澳洲東部及新幾內亞的防務，而未特別加以因應。

「瞭望塔行動」大軍包括七十五艘美、澳軍艦及運輸船，載運第一陸戰師及部分陸軍部隊共一萬四千名兵力，於七月底在斐濟集結並進行演練。他們於八月六日深夜抵達圖拉吉及瓜達康納爾之間的海域（後來稱鐵底灣），因為天氣惡劣而未遭日軍察覺。七日，盟軍部隊兵分兩路，副師長路普特斯准將（William Rupertus）[3]率領三千名兵力攻打圖拉吉及鄰近小島，第一陸戰師師長范德格里夫特少將（Alexander Vandegrift）則率領一萬一千名兵力在瓜島倫加機場北側，代號紅灘（Red Beach）的位置登陸。

盟軍軍艦及飛機先猛烈轟炸日軍陣地，然後登陸圖拉吉。美軍遭遇八百八十六名日本守軍的頑強抵抗，戰況激烈。圖拉吉於八日收復，另兩個小島於九日奪回，日軍幾乎戰到最後一人，美軍有一百二十二人陣亡。

在瓜島，盟軍也同樣先以艦砲及飛機轟炸預定登陸灘頭。登陸紅灘後，陸戰隊有如進入

3 編註：電影《金甲部隊》裡面，教育士官長於新兵訓練時所背誦的《槍兵信條》（Rifleman's Creed），即路普特斯於二戰期間草擬的陸戰隊官兵作戰信條。

無人之境，僅受到輕微的抵抗。五百名守軍及兩千二百名朝鮮勞工先受到盟軍猛烈的轟炸又看見大軍登陸，早已嚇得落荒而逃，往馬坦尼考河（Matanikau）一帶逃竄，留下他們的建築工具與食物，以及一個接近完工的飛機跑道。

美軍於八月八日攻佔日軍修建的倫加機場後，立即派海軍工兵營（Construction Battalions；C.B. 暱稱 Sea Bees 或海蜂工程營）日夜趕工。八月十二日，跑道已大略完成，第一架降落的是盟軍在太平洋戰區普遍使用的PBY-5「卡特琳娜」水上巡邏機（PBY Catalina）。八月二十日，三十一架美軍陸戰隊F4F野貓式戰鬥機（Wildcat）及SBD無畏式俯衝轟炸機（Dauntless）進駐。兩天之後，陸軍航空隊第三四七戰鬥機大隊的一個中隊P-400空中眼鏡蛇式戰鬥機（Aircobra）也加入行列[4]。之後美軍的大傢伙B-17空中堡壘轟炸機（Flying Fortress）也陸續到來。

為了紀念在中途島海戰壯烈犧牲的陸戰隊轟炸機中隊長（VMSB-241）韓德森少校（Lofton Henderson），美軍特別把從日本人手裡奪來的嶄新機場命名為韓德森機場（Henderson Airfield）。而瓜達康納爾島美軍原來的代號是仙人掌，於是在該機場新成立的航空隊就稱為仙人掌航空隊（Cactus Air Force）。韓德森機場及仙人掌航空隊在未來六個月的瓜島戰役及其後的索羅門群島戰役，甚至直到二戰後期的拉包爾包圍戰都發揮了極大的效用。

韓德森機場爭奪戰開啟了二次大戰太平洋戰區盟軍陸上反攻，遏止了日本帝國快速擴張的情勢。日本及盟軍都持續投入大量軍力至瓜達康納爾，使得原本只是新幾內亞側翼的次要戰場，成為日本與盟軍決戰的必爭之地，長達六個月的瓜島爭奪戰也成為太平洋戰爭的轉捩點。當中，日軍首次逆襲的一木支隊注定將在瓜島爭奪戰留名。至此日軍開始採取守勢，盟軍則一反頹勢步步進逼直至二次大戰結束。

4 編註：原P－39搭配二十公厘機槍的版本，是原本英國下單後被取消的機型。

圖拉吉華人聚落街景，年份不詳。（solomonencyclopaedia.net）

建於一九二七年的圖拉吉「中國國民黨所羅門分部」，攝於一九三七年。（solomonencyclopaedia.net）

從圖拉吉島相隔鐵底灣遙望過去的瓜達康納爾島。（USMC）

陸航第三四七戰鬥機大隊的 P-400 空中眼鏡蛇式戰鬥機，在取得韓德森機場控制權後，開始進駐。（USMC）

第三章

從盧溝橋
到鱷魚溪戰役的一木清直

一個掀起中日八年戰爭，甚至是第二次世界大戰戰火的日本軍人，死於日本與美國在瓜達康納爾島的第一場交戰。

投入鱷魚溪戰役的美軍 M3 輕戰車，他們的行動決定了一木支隊的命運。（USMC）

日本陸軍軍官一木清直，一八九二年出生於長野縣（原籍靜岡縣）。一九一六年，一次大戰期間，一木畢業於日本陸軍士官學校，隨即加入陸軍服役。一九二六年晉升大尉，並在步兵學校擔任教官，一九三四年晉升少佐。一九三六年被派遣至中國華北擔任日本屯駐軍第一聯隊第三大隊長。

一九〇一年八國聯軍攻入北京後，依「辛丑條約」規定，日本得在華北駐軍。一九一二年清廷被推翻，駐華日軍由「清國駐屯軍」改名「中國駐屯軍」，駐地就在盧溝橋所在宛平縣城外。日本侵佔中國東北後製造傀儡政權，一九三二年三月九日在長春成立滿洲國。一九三六年五月，陸續增兵華北，並製造事件逼迫國軍第二十九軍撤離豐臺。

一九三七年七月七日晚，日軍在盧溝橋附近演習。駐豐臺日軍宣稱演習中一名士兵「失蹤」，要求進入宛平城搜查，遭守城的國軍第二十九軍拒絕，日軍於是攻擊城西盧溝橋。二十九軍奮起抵抗。翌日清晨，日軍一木清直少佐下令砲轟宛平城，隨即引發了平津作戰。二十九軍戰敗，撤退至保定，平津地區為日本佔領，中日戰爭（八年抗戰）全面爆發。此段過程被稱為七七事變或盧溝橋事件。

盧溝橋事件之後，一木於一九三八年調返日本晉升中佐，擔任步兵學校教官。一九四一年再升大佐，擔任步兵第二十八聯隊長（駐滿洲國）。

一九四一年十二月七日，日軍偷襲珍珠港，美國海軍蒙受空前巨大損失，美國正式對日宣戰。日軍於當天也攻擊香港、菲律賓、馬來亞，並接續攻擊荷屬東印度、緬甸等地。

美國於一九四二年四月十八日，由杜立德上校（James Doolittle）率領陸軍十六架B－25轟炸機空襲東京、橫濱、名古屋、大阪等城市後，日本為了防範美軍再度直接攻擊本土，便積極策劃對中途島的攻佔作戰。五月五日，一木被任命為中途島佔領部隊支隊長。六月四日至七日，日、美雙方海軍在中途島附近進行大規模海戰，日軍損失航空母艦四艘，美軍獲得決定性勝利。日本失去西太平洋海權優勢，一木支隊登陸佔領中途島的任務也就取消，返回特魯克基地。一木清直被選為擔任佔領中途島的部隊長應該備受光榮，任務突然被取消，光榮頓時轉變為失望。

一九四二年五月，日軍從新幾內亞的拉包爾（該年一月攻佔）向南進攻佔領英國殖民地——索羅門群島首府圖拉吉，並在附近構築水上飛機基地，同時在瓜島的倫加角開始建設大型機場。至一九四二年八月初，日軍有大約九百名海軍士兵在圖拉吉，兩千七百人（兩千二百人係朝鮮工人）在瓜島。倫加機場一旦完成，日軍就可控制澳洲與美國間之空中及海上交通。八月七日，就在機場行將完工前數日，美國第一陸戰師突登陸圖拉吉及瓜島，輕易地佔領日本即將修建完成的機場。美國海軍海蜂工程營日夜趕工，五天後的八月十二日，美軍飛機陸續進駐這尚未完全開始運作的機場。

日軍大本營對美軍出其不意登陸瓜島並佔領機場頗為震驚，並立即研擬反攻瓜島、奪回機場的計劃，指示駐拉包爾指揮官百武晴吉中將麾下的第十七軍，協同海軍第十一航空艦隊及第八艦隊，負責收復瓜島的任務。百武晴吉指派原本肩負佔領中途島重任的一木支隊，為日軍奪回瓜島的先鋒部隊。八月十六日，一木率先遣部隊九百一十六人分乘六艘驅逐艦（嵐、萩風、浦風、谷風、浜風、陽炎）出發，第二梯一千五百人將等到運輸船艦湊齊後即跟隨前往瓜島。

一木支隊第一梯隊於八月十九日清晨，在韓德森機場以東的太午角（Taivu Point）順利登陸。由於日軍低估佔領瓜島美軍人數只有三千至五千人（實際上約一萬一千人），再加上一木加入軍旅後未曾有敗戰紀錄，求功心切，未等到第二梯兵力抵達，即決定立即向西進攻。他的計劃很簡單，直接切入美軍防禦圈海灘後攻取機場，於是留下約一百餘人為預備隊駐守在登陸灘頭，自己親率約八百餘人徒步行軍約三十五公里前往目的地。十九日中午，一木支隊的斥候三十八人在柯里角（Koli Point）遭美軍巡邏隊突擊，三十三名日軍被擊斃，五人逃回太午角。患有「勝利大頭症」（victory disease）的一木大佐獲報後不為所動，仍照計劃沿海岸西行。二十一日午夜，一木支隊抵達泰那魯（Tenaru）附近鱷魚溪（Alligator Creek；當地人稱 Ilu River）的美軍機場防禦圈。美軍已偵知日軍之登陸與後續行動，但無法確知人數多少，因此在鱷魚溪河口西側嚴陣以待。

半夜一點三十分，一木支隊在鱷魚溪東岸以機槍及迫擊砲對西岸美軍發動攻擊，並派出約一百名士兵衝鋒，企圖越過河口沙洲。美軍以機槍及三七公厘戰防砲迎擊，衝鋒部隊幾乎全數被殲滅在沙洲上，少數日軍衝進美軍陣地進行肉搏戰，也都遭人數優勢的美軍解決。

一木支隊於半夜兩點三十分，再度派約兩百名士兵循原來路線發動第二波攻擊，同樣地幾乎全數陣亡。一名倖存軍官建議一木大佐讓殘餘部隊撤退，但遭支隊長拒絕。

一木重整旗鼓，以機槍及迫擊砲對美軍持續零星攻擊，美軍則以重機槍、迫擊砲以及增援的七五公厘砲反擊。

清晨五點，一木支隊對美軍發動最後攻勢。美軍強大的火力使日軍無法跨越鱷魚溪，絕大多數日軍跟前二波一樣被擊斃死在河口沙洲上，屍體堆積如山慘不忍睹。任務失敗，日軍殘部只好退回攻擊發起地的鱷魚溪東岸。

二十一日天亮後，第一陸戰師一營從鱷魚溪上游渡河，從南及東面包圍，截斷一木支隊撤退後路。從韓德森機場起飛的美軍戰鬥機也盤旋上空，攻擊企圖逃走的日軍。有些日軍受傷士兵在美軍接近檢視，或予以救治時引爆手榴彈與美兵同歸於盡，迫使美軍對戰場上躺著的日兵都再以步槍射擊或刺刀戳刺，以確定不再具有攻擊性。當天下午，陸戰隊四輛M3司徒輕戰車越過河口沙洲，進入一木殘部躲藏的椰子樹林，進行最後掃蕩，對日兵不論死活進行輾壓。美軍指揮官第一陸戰師師長范德格里夫特事後回憶：「戰車的後面就像是個絞肉機。」

一木支隊此役陣亡七百七十七人，受傷遭俘十五人；美軍陣亡四十四人，雙方死傷比例極為懸殊。有三十名參與此役的倖存日兵逃回太午角，加入一木支隊留下的預備隊。他們以無線電向第十七軍軍部報告作戰悽慘的結果，軍部無法置信，令殘部繼續藏匿在附近叢林等候下一次的攻擊。

一木清直在此役中死亡是可以確定的，但是找不到他的屍首，所以究竟是被槍砲擊中，切腹自殺或遭美軍戰車輾斃不得而知。有一種說法是當美軍戰車掃蕩椰子樹林時，他身裹日本國旗滾入戰車之下而遭輾斃。由於日軍沒有一木清直逃出的記載，美軍也找不到日軍指揮官的屍首，因此當年下令砲轟宛平縣城製造盧溝橋事變，引發中日八年戰爭的一木清直戰死在萬里之外、瓜達康納爾的鱷魚溪畔是可以確定的。鱷魚溪之役後，日本陸軍追陞一木清直為少將。

此役美軍稱為泰那魯之役（Battle of Tenaru）的戰役，具有多重意義。日軍於一九四一年十二月七日偷襲珍珠港之後，隨即對香港、馬來亞、菲律賓及荷屬東印度等地瘋狂發動攻擊，有如秋風掃落葉均無敗績。日軍自認是無敵之師，盟軍則都是貪生怕死之輩。過度自信甚至可以說是狂妄的日軍，此役情報蒐集不全，指揮官求功心切，不等後續部隊集結就匆促發動攻勢，以不到千人的兵力去攻打已站穩陣腳，且人數與火力均佔優勢的美國第一陸戰師，有如以卵擊石，終以慘敗收場。但是日軍不顧性命向敵陣衝鋒的拚勁，也讓美軍瞭解到他們所面對的是何等可怕的敵人。

泰那魯之役是盟軍在二次大戰太平洋戰場的首場陸上勝利，對鼓舞盟軍士氣有莫大助益。大導演史蒂芬史匹柏（Steven Spielberg）及知名影人湯姆漢克（Tom Hanks），於二〇一〇年合作拍攝迷你電視影集《太平洋戰爭》（*The Pacific*），第一集令人刻骨銘心的夜戰，就是以此役為背景。

——

我於二〇一八年二月駕車前往泰那魯之役舊戰場。出了首都荷尼阿拉，沿著瓜達康納爾海岸公路往東行，過了荷尼阿拉國際機場（過去的韓德森機場）之後，繼續前行約兩公里就到了泰那魯橋。站在橋中間往河口方向看，右岸就是當年一木支隊八百餘人半夜抵達後的集結地，左邊則是美軍第一陸戰師部署的防守陣地。

可以想像一木支隊登陸後匆忙向西行軍，在半夜摸黑抵達鱷魚溪畔，士兵一定疲憊不堪。不僅部隊人數遠低於美軍，火力只有步槍、機槍及迫擊砲等輕武器為主，也是遠不如防守的美軍。在美軍的槍口下分為三波強渡鱷魚溪，有如遊樂場射擊遊戲一樣任憑美軍宰割，真是一場屠殺慘劇。站在橋上觀看鱷魚溪兩岸，當年兩軍的槍砲聲及喊殺聲似乎一直在耳邊迴盪著而久久不能散去。

過了鱷魚溪橋繼續向東前行，沿路都是椰子林。約五分鐘後，右邊有一條岔路，兩分鐘就到了泰那魯村。泰那魯村有一所小學，四周稀稀落落分佈著索羅門群島典型的高腳民房。

泰那魯也就是當年一木支隊攻擊發起前集結所在地，戰鬥結束後，美軍也在此地搜索殘餘的日軍。一九九二年在瓜島承包工程的一家日資公司，在泰那魯小學附近豎立「鎮魂碑」，以紀念並撫慰一木支隊的亡魂。但是石碑旁就是教職員宿舍，住戶晾曬衣物，景觀凌亂，頗不搭調，令人不勝唏嘘。一木清直下令砲轟宛平縣城引發日本侵華八年戰爭，隔了五年又成為日本與美國第一場陸上交戰的指揮官，立場不同的人對他各有評價，但是他死在日本帝國擴張版圖的最南端戰場上也算死得其所。

泰那魯之役還不是瓜島戰役最血腥的過程。二十餘天之後的血腥嶺可以說是日軍在瓜島戰役，乃至整個西南太平洋作戰中最關鍵的挫敗。

命喪瓜島的一木清直大佐，他所引領的反逆襲行動，開啟了日軍在瓜島的一連串消耗戰。（USMC）

鱷魚溪戰鬥結束之後，陸戰隊員到河口檢視與他們第一次交戰的日本正規軍。（USMC）

今日的泰那魯橋，它所橫跨的鱷魚溪，當年一木支隊在右（東）側，美軍在左（西）側對陣，不遠處即是河口。（作者攝）

位於泰那魯小學校長宿舍旁的一木支隊鎮魂碑。（作者攝）

第四章

日本陸軍
遭受關鍵潰敗的血腥嶺

瓜達康納爾島上濃密的熱帶叢林，加上低估瓜島美軍人數，是日軍連續兩次攻擊失敗的主要原因。

美軍陸戰隊員奮戰血腥嶺的繪圖，這對雙方來說都是一場激烈的交戰。（USMC）

日軍大本營對美軍登陸圖拉吉及瓜達康納爾並佔領即將完工的機場頗為震驚，乃立即研擬反攻瓜島奪回機場的計劃，由駐守拉包爾的百武晴吉中將指揮的陸軍第十七軍，協同海軍第十一航空艦隊及第八艦隊配合，負責收復瓜島的任務。百武晴吉先指派一木支隊打先鋒，但一木支隊第一梯隊抵達瓜島後幾乎全軍覆滅，令百武不可置信，隨即規劃下一波的攻擊行動。

百武中將麾下的第十七軍實際上正在新幾內亞進攻摩斯比港而與盟軍陷入苦戰，所以他只能東抽西調麾下步兵三十五旅團三個大隊（駐帛琉）、二十八步兵聯隊（駐菲律賓）、一二四步兵聯隊及一木支隊殘部等共約六千名兵力，並指派川口清健少將指揮前往瓜島作戰。川口率領第三十五旅團先到特魯克，再到拉包爾整合他的新部隊——川口支隊。

八月二十八日，川口支隊的六百名先遣部隊分別搭乘朝霧、天霧、夕霧及白雲等四艘驅逐艦，離開拉包爾前往瓜達康納爾。這個驅逐艦支隊航行至瓜島北方約七十英里處時，遭到韓德森機場的美軍仙人掌航空隊十一架俯衝轟炸機攻擊，朝霧號被擊沉，夕霧號及白雲號受損，天霧號拖著白雲號回到日軍前進基地短土島（Shortland Islands），川口支隊有六十二名士兵，艦隊有水兵九十四人陣亡。其後八月二十九日至九月四日之間的「東京快車」（Tokyo

Express）則比較順利[1]，日軍數日間以輕巡洋艦、驅逐艦及砲艇等趁夜運送五千多名士兵登陸瓜島太午角。一二四聯隊約一千名兵力由岡明之助大佐，率領於九月七日抵達倫加防禦圈以西，川口清健則成為瓜島上日軍的最高指揮官。第十七軍原本還要加派一個大隊（相當於美軍一個營）兵力，但川口認為六千餘名部隊已足夠對付瓜島上的三至五千餘名美軍，而婉謝了軍部的「好意」。

川口少將設定九月十四日為進攻日（日軍稱為第一次總攻擊），而於九月五日開始自太午角向西行軍。他要求拉包爾軍部於九日派機攻擊韓德森機場，並於十二日以艦砲轟擊倫加防禦圈，「好讓美軍沒有機會逃離瓜島」。川口的策略是將他的部隊分成三部分，分別從三個方向逐步接近倫加防禦圈之後，趁夜發動突襲奪取機場。岡明大佐率領他的步兵聯隊一千餘人自西邊攻擊，一木支隊（第一波所剩約一百餘人加上第二波的一個大隊兵力）自東邊攻擊，川口則親率三個大隊主力約三千人自防禦圈南邊發動主攻，另兩百五十名留守太午角。

川口的策略看似不錯，但事情的發展未見得會按照他的計劃進行。川口支隊在太午角登陸集結後，被索羅門群島的土著斥候發現而立即通報防禦圈內的美軍。美軍於九月八日派八百名兵力搭乘船艦先後抵達太午角，此時日軍主力已離開前往防禦圈南邊攻擊發起線途中，剩下的日軍不敵突如其來的八百名美軍及韓德森機場的飛機攻擊，於是往南逃向更濃密的叢林，留下二十七具日軍屍體，美軍則陣亡二人。美軍在太午角的觀察及擄獲日軍的文件顯示約有三千名日軍在瓜島上，且明顯地正準備發動攻勢。

美第一陸戰師固然在八月七日登陸瓜達康納爾當天就已集結一萬一千名的兵力，但是他們要固守韓德森機場而建立的倫加防禦圈相當寬廣，北邊綿長的海灘極易遭敵登陸入侵，所以部署了防禦的主力；東邊曾遭一木支隊攻擊，且離跑道頗近，所以也配置了重兵；西邊以馬坦尼考河為界，一旦敵人渡過這條不深的小河就可長驅直入抵達機場，所以也有合理的部署；機場南邊則是一連串長約一公里的珊瑚狀低矮山丘（日軍稱之為蜈蚣），大致與倫加河平行，有較廣闊的縱深，但沒有派兵駐守。

第一陸戰師師長范德格里夫特少將召集參謀長湯瑪斯上校（Gerald Thomas）及幾個單位指揮官在討論日軍即將來襲時，無法確定日軍將在何處發動攻擊。第一突襲營營長艾德森中校（Merritt Edson）及湯瑪斯上校認為日軍極有可能從南邊的丘陵來襲，但范德格里夫特

1 編註：日本稱為「鼠輸送」，是以驅逐艦等小型軍艦向瓜島運輸兵員與補給的作戰行動。為避開盟軍的攻擊而晝伏夜出，宛如老鼠搬家，因此有此稱。

主張日軍應該會沿北部海岸入侵。經過一段討論，范德格里夫特終於同意艾德森中校於九月十一日將其單位八百四十名兵力部署在機場南邊的低矮山丘。倫加丘陵南端有一個三面被叢林包圍的八〇高地，六百碼以北是一二三高地。艾德森把突襲營的五個連部署在山丘西側，支援的傘兵營三個連在東側，他本人在一二三高地坐鎮指揮。

向攻擊發起線前進的川口支隊缺乏精確地圖，在濃密的叢林裡經常迷失方向走了許多冤枉路。川口原訂於九月十二日下午兩點抵達預定集合點，但實際抵達已經是晚上十點。當天白天，日軍派出轟炸機對佔領高地美軍進行轟炸，但效果有限。晚上九點三十分，日軍川內號輕巡洋艦，敷波、吹雪、涼風三艘驅逐艦，也對高地進行二十分鐘的砲轟，已經在熱帶叢林奮鬥七天、疲憊不堪且才剛匆匆抵達攻擊發起線的川口支隊，未作休息也開始以輕火砲轟炸目標區。兩軍的先頭單位已經開始交火。但是日軍一二四聯隊渡邊久壽吉中佐的第三大隊仍未抵達攻擊發起線，川口一時陷入狀況不明及造成部署上的困難。而且西邊的岡明大佐所部及東邊的一木支隊也因通訊問題，而未同步發動攻擊。九月十三日天破曉，仙人掌航空隊自韓德森機場起飛對丘陵地附近的日軍進行掃射，原本在開闊地的日軍紛紛逃至叢林內躲藏。川口少將於是決定重新整合他的部隊，等到當晚再進行第二波攻擊。

陸戰突襲營的艾德森中校利用白天日軍停止攻擊的空檔，下令強化所屬的陣地，同時調整部署，將過於突出的陣地後撤，以免成為日軍砲火的醒目標靶。下午，艾德森站在手榴彈箱上對部屬發表簡短的精神講話，以鼓舞士氣。

艾德森只有八百四十名士兵，他所面對的是川口的三千人部隊。何以師長范德格里夫特麾下有一萬一千兵力卻不能派兵增援艾德森？因為當時美軍已偵知防禦圈東面與西面，也有數目不明的日軍在虎視眈眈伺機而動，何者為主力？何者為佯攻？實在難以確定。任何部隊調動都有可能造成防禦缺口而引發不可測的後果，所以一動不如一靜，艾德森只有自求多福了。

該來的還是會來，日落前被偵察機發現的日軍艦隊，於當（十三日）晚九點在防禦圈北岸外海出現，七艘日軍驅逐艦在希拉克海峽（Sealark Channel），對著高地短暫砲轟之後離去。川口的一二四聯隊第一大隊自倫加河及高地間的沼澤地，發動對美軍右翼也就是高地西側進攻，艾德森營B連只好後撤到一二三高地。日軍佔領了B連的補給站後，一些數日沒吃過像樣餐食、飢腸轆轆的日兵顧不得砲火正烈，拿起食物就狼吞虎嚥。日軍大隊長命令部下繼續攻擊，半夜三點他們攻抵高地北部，也就是一二三高地附近，已經非常接近機場跑道。

美軍集中火力抵擋，日軍指揮官及約一百名日兵陣亡，日軍在西側的攻勢受挫。

一二四聯隊第一大隊發動攻擊時，第二大隊也同時自高地南側對美軍據守的八〇高地進攻。晚上十點，美軍以十二門一〇五公厘砲轟擊第二大隊，三百二十名日兵冒著美軍的猛烈砲擊，在日軍微弱火砲的掩護下，步槍上刺刀衝上八〇高地，雙方在壕溝白刃血戰。艾德森營長於是命令八〇高地的守軍撤回一二三高地。

日軍一大隊與二大隊發動攻擊的同時，前一晚遲到的三大隊也在高地東側發動攻勢。他們滲透進入高地與陸戰傘兵營C連中間的隙縫，讓C連與B連在黑暗中摸不清楚狀況，選擇退出陣地並繼續往一二三高地後撤，在混亂中日兵從煙霧中衝出，並用英文大喊：「毒氣！毒氣！」有些美兵逃至一二三高地後逢人就喊：「撤退！撤退！」使得有些官兵跟著他們往機場跑道方向奔跑，情況更顯混亂。艾德森及其他軍官出面制止，才總算穩住這個危險的局面。

營長艾德森在一二三高地組成了馬蹄形的防禦陣式，日軍則對美軍進行正面攻擊。日軍佔領了八〇高地之後，甚至還拖上來一門七五公厘四一式山砲，並立即瞄準一二三高地轟擊。日軍寄望這門砲可以壓制美軍，但是發射了幾枚砲彈後撞針就損毀了。半夜，美日雙方在高地上及其周圍交火持續猛烈，美軍一〇五公厘及七五公厘砲整晚沒有停止發射。一個被俘的日兵說，他的中隊幾乎全部被美軍砲火消滅，只剩百分之十的人僥倖存活。凌晨四點，艾德森終於獲得增援，第五陸戰團二營奉命前去，幫助他們在天亮前驅退日軍的幾度攻勢。有一小股日軍曾潛進機場的輔助跑道附近，但是被第一陸戰師直屬的戰鬥工兵營所擊退。戰鬥期間，營長艾德森中校始終站在美軍陣線後方二十碼處指揮作戰，且不斷鼓舞士兵。

十四日天亮前，川口支隊各單位殘餘士兵仍然散布在丘陵兩側，八〇高地南坡還有近一百名日兵，似乎在等待下一波的攻勢。天亮後仙人掌航空隊再度發威，三架P－400戰鬥機從戰場邊的韓德森機場起飛，對八〇高地附近的日軍進行掃射，殺死了許多敵軍，少數存活日軍躲進附近叢林中。

川口主力於十三日晚間對美軍發動攻擊時，東邊的一木支隊（由美津濃少校率領）及西邊的岡明之助的一二四聯隊，也同時對倫加防禦圈美軍發動攻勢。美津濃及數十名日兵在攻擊中陣亡。天亮後，陸戰隊派出六輛輕戰車在沒有步兵的伴隨下前去一木支隊藏匿的叢林掃蕩，有三輛遭到日軍戰防砲摧毀，另一輛墜入鱷魚溪，乘員皆溺斃。

一二四聯隊也對倫加防禦圈內的陸戰隊發動攻勢，但均被駐守的陸戰隊驅退。其中有一股日兵曾攻佔一個山丘，但招來了美軍猛烈的砲火，不久於是主動撤退。

九月十四日下午，日軍第二波攻打瓜島行動指揮官川口清健少將，躲在機場南邊的叢林裡聚集了他支離破碎的主力部隊，並治療受傷的士兵。他接到拉包爾軍部的命令，率部西行約十公里，越過馬坦尼考河與岡明之助的一二四聯隊會合。九月十六日上午，川口支隊在濃密的叢林中緩慢地開始向西行進，每個士兵都攙扶著另一個傷兵，不僅重武器被丟棄，有些士兵甚至把個人的步槍都留在叢林裡。而一木支隊的殘部甚至在叢林裡迷路流浪達三個星期，歷經千辛萬苦忍受飢餓疲憊，最後才抵達川口主力部隊的營地。

——

此役，日軍總計死亡八百三十名，美軍則陣亡八十人，可以說日軍再度慘敗。但是實際上，這是**瓜達康納爾戰役六個月期間日軍最接近勝利的一次**。川口主力攻上八〇高地並對美軍據守的一二三高地發動數次攻擊，他們離韓德森機場跑道僅有數百公尺，而少數日軍已推進到輔助跑道，但被陸戰隊的戰鬥工兵驅退。川口的第三大隊如果能準時抵達集結點並同時發動攻擊，人數佔優勢的日軍有可能突破艾德森部隊的防線。但是艾德森營以逸待勞，而且一〇五公厘砲及七五公厘砲火力旺盛，對付疲憊且零散的日軍進攻發揮相當的效果。再加上美軍范德格里夫特師長在確定日軍整體的攻擊規模與態勢之後，於凌晨抽調一個營的兵力去增援艾德森，穩住美軍在防禦圈南側的陣腳，使得川口無力再發動有效的攻勢。天亮後美機又對丘陵地帶周遭的日軍進行掃射，殘餘日軍四處逃散，使得川口確信任務已然失敗。此外，當初川口如果沒有拒絕軍部再多派一營兵力的計劃，也有可能會改變戰役的結果。因此可以說，瓜達康納爾島上濃密的熱帶叢林，再加上低估瓜島美軍人數，是日軍連續兩次攻擊失敗的主要原因。

此役，也是日本帝國陸軍有史以來在涉及數千人規模的戰役中首次的敗績。坐鎮在拉包爾的百武晴吉把戰果報回東京，大本營立刻召開緊急會議，與會陸軍及海軍將領都認為瓜達康納爾將成為日美戰爭中決定性的一役。百武也明瞭為了要奪取瓜達康納爾就必須縮減在新幾內亞的軍事行動，牽動到日軍在整個西南太平洋的部署與行動計劃。

在艾德森中校堅強有效的領導下，美國第一陸戰師第一突擊營及第一傘兵營，以八百四十名兵力對抗超過三千名日軍的進攻。將士用命，以寡擊眾，粉碎日軍奪取韓德森機場的企圖，綽號「紅鬍子麥克」（Red Mike）的艾德森中校功不可沒。美軍因此以他的姓氏稱呼這次作戰的戰場為艾德森嶺（Edson's Ridge），此役為「艾德森嶺戰役」。不過，一般人因為此戰役過程極為激烈血腥而稱之為「血腥嶺」（Bloody Ridge）。

艾德森中校因為血腥嶺戰役的表現而獲得美國軍人最高榮譽的「榮譽勳章」。血腥嶺之役後晉升上校，成為第五陸戰團團長，繼續在瓜島戰鬥。瓜島戰役後，艾德森繼續在太平洋征戰，曾參與攻打塞班島及天寧島[2]，他也逐級晉升准將。二次大戰結束後回到美國，一九四七年「紅鬍子麥克」艾德森五十歲，晉升少將並自部隊退役。一九五五年艾德森在華府自殺身亡，享年五十八歲。一九五八年，一艘以他為名的美國海軍舍曼級驅逐艦艾德森號（USS *Edson*, DD-946）下水服役，以紀念他的傑出戰功。

時任美國國務卿的凱瑞（John Kerry）於二〇一四年八月十三日訪問索羅門群島時，曾特地前往血腥嶺這個美國海軍陸戰隊歷史性的戰場憑弔。

二〇一八年八月十日索羅門群島政府將血腥嶺劃定為該國的第一個國家公園，將當年的血腥戰場保持原狀（實際上當時已有若干違建戶在區內搭建房舍）。

二〇一九年三月，美國白宮國家安全委員會亞太主管博明（Matthew Pottinger）訪問索羅門群島時，作者曾陪同他與外交部徐斯儉次長前往血腥嶺憑弔並討論當年兩軍激烈交戰情形。博明於二〇〇五年至二〇一〇年在陸戰隊服役，曾參與伊拉克戰爭及阿富汗戰爭，現今仍備役，官拜少校，他對當年血腥嶺慘烈戰鬥情形知之甚詳。他表示，血腥嶺之役是美國海軍陸戰隊以少勝多的教案，陸戰隊員人人皆知該戰役的過程。二〇一九年九月，博明晉升為川普總統的副國家安全顧問。二〇二一年一月六日，在暴民攻擊美國國會後，辭去該職務。

二〇一七年八月，索羅門群島政府將血腥嶺設為該國首座國家公園。作者與同事前往機場公幹後，因同事未參加揭幕典禮於是再度前往參觀，發現國家公園的銘牌不翼而飛。隔天是星期六，索國警察總監恰應邀赴作者官邸餐敘經作者告知此事。數天後警方逮捕附近一名涉嫌的少年並起出贓物。

2 註：Tinian Island，位於馬里亞納群島，一九四五年八月美國兩度以原子彈轟炸日本的B－29轟炸機自該地起飛。

日軍選擇倫加機場西南邊的血腥嶺發動攻擊，顯示日軍非常屬意由這個高地進攻機場，所以一個多月之後日軍重整旗鼓發動第三次規模高達兩萬人的進攻，仍然是以血腥嶺為主攻路線。在這些血腥的戰場，就一定會有英雄事蹟的發生。約翰巴西隆獲得榮譽勳章的過程就非常觸目驚心。

連戰連勝的日本陸軍，在瓜島作戰過程，採取逐批投入作戰的方式，結果在瓜島慘遭滑鐵盧。

日軍投入作戰的戰車，很快就被陸戰隊的火砲給壓制，變成廢鐵。（USMC）

美軍展示俘獲的日軍各種物品。（USMC）

激戰結束之後與今日（下）的血腥嶺，過去的戰場現在以索國首座國家公園的地位被人們紀念著。（USMC）

第五章

一夫當關，萬夫莫敵
——躍上螢幕的瓜島戰地英雄

「巴西隆抱著機槍三天兩夜不眠不休，他固守陣地對日軍造成莫大的威脅。」

榮譽勳章得主約翰巴西隆，他的事蹟隨著影集的拍攝，而更廣為人知。（USMC）

美國海軍陸戰隊上士士官約翰巴西隆（John Basilone）是唯一非軍官人員同時獲得美國軍人最高榮譽的榮譽勳章及海軍十字勳章（Navy Cross）的英雄。巴西隆一九一六年出生在美國紐約州水牛城的義大利裔家庭，隨後與家人遷往紐澤西州的拉里坦（Raritan）定居。一九三四年加入陸軍，隨部隊駐紮在菲律賓。他擅長拳擊，經常得勝，被人取綽號「馬尼拉約翰」。三年後他從陸軍退役回到美國，在馬利蘭州當卡車司機，但年輕力壯的他仍然嚮往軍旅生活。一九四〇年六月，巴西隆轉換跑道改加入海軍陸戰隊，駐紮在古巴的關塔那摩灣（Guantanamo Bay），隸屬於第一陸戰師七團一營D連。

一九四二年八月，第一陸戰師從紐西蘭出發，在斐濟集結，成為美軍進攻圖拉吉及瓜達康納爾的主力。陸戰隊於八月七日登陸瓜島並佔領機場後，日軍在八月二十至二十一日（泰那魯之役）以及九月十二至十四日（血腥嶺之役），兩度出兵企圖奪取韓德森機場，然均告失敗。日軍遂計劃更大規模的攻擊行動。

登陸瓜島及佔領機場後的第一陸戰師官兵，在機場四周逐漸建立起防禦圈。由於美海軍艦隊在第一師於八月七日登陸後，與日本海軍在瓜島附近海域交戰失利而撤退，島上美軍頓失海軍艦砲火力的保護且未能有足夠的彈藥與糧食補給。日軍自八月八日起，經常於夜間派數艘巡洋艦及驅逐艦砲轟韓德森機場及倫加防禦圈，約翰巴西隆及戰友登陸後的日子可說是苦不堪言。

連續在八月及九月間兩度攻擊瓜島機場失敗的日軍，亟欲奪回這個具有戰略價值的機場。十月一日起至十七日間，日軍自拉包爾以「東京快車」運送了一萬五千名部隊，加上各式火砲、戰車、彈藥及糧食等。陸軍第十七軍司令官百武晴吉中將也於十月九日抵達瓜島，親自指揮第三次奪回機場的行動。

日軍兩度奪回機場的行動都以慘敗告終，最主要原因是嚴重低估瓜島美軍數目。此次百武中將親自指揮的行動，除了第十七軍增援的一萬五千部隊外，還加上殘留在島上的五千名士兵，軍力高達二萬人，日軍估計應足夠對付疲憊不堪的美軍第一陸戰師。沒想到日軍這次還是低估了敵軍人數。美軍除了八月七日首批登陸瓜島的一萬一千名部隊外，後來也調派圖拉吉及佛羅里達群島上的第一師單位至瓜島，加上陸軍一六四步兵團的增援，島上美軍實力已超過二萬三千人。但情報不靈光的日軍卻估計島上美軍僅一萬人。美軍人數雖然超越日軍，但機場防禦圈不小，人力明顯不足，日軍要是選擇特定地點集中主力猛攻，仍有機會突破美軍防線奪取機場。

百武中將登陸後開始部署攻擊行動。經過兩個月的交戰，日軍已全數退出在馬坦尼考河東側的陣地，認為對美軍沿海防線的攻擊很難成功。因此，百武晴吉決定，他的主要進攻計劃將是從南面進攻韓德森機場。他的第二師團（得到第三十八師團部隊的增援），由丸山政男中將率領七千名士兵組成的三個步兵聯隊中的三個大隊，穿越叢林前進並攻擊美軍在機場南部靠近倫加河東岸的防線（其實就是血腥嶺）。這次進攻的日期定於十月二十二日，然後延後一天改為十月二十三日。為轉移美軍注意力以避免洩漏從南面進攻的計劃，百武的重砲兵加上五個大隊的步兵（約兩千九百人）由住吉正少將領軍攻擊美軍倫加防禦圈西側的防線。

十月十二日，一個中隊的日軍工兵開始開闢一條從馬坦尼考河至美軍倫加防禦圈南部的道路，稱為「丸山路」。十五英里（二十四公里）長的道路通過瓜達康納爾島上一些艱難的地形，其中包括眾多的溪流、溝壑、山脊和茂密的叢林，嚴重地限制了日軍部隊可攜帶的裝備數量並消耗了他們的體力。十月十六日至十月十八日，第二師團開始沿著丸山路進軍。

到了十月二十三日，丸山的師團仍努力在叢林奮鬥以到達美軍防線，當晚百武得知丸山支隊都還沒有抵達他們的預定攻擊位置後，因此把進攻發起再次推遲至十月二十四日晚上七時（日軍稱為第二次總攻擊）。此時美軍仍然對丸山的部隊正向該方向集結的動向毫無所悉。

西側負責佯攻的住吉獲悉進攻延至十月二十四日，但因通訊不良未能通知他的部隊。因此，在十月二十三日黃昏，住吉麾下的二個大隊和戰車中隊的九輛戰車，按照原定計劃在馬坦尼考河口發動對美軍海岸防線的第一輪進攻。美軍駐守海岸的各色火砲、輕型武器火力擊退了該次進攻，摧毀所有的戰車，擊斃了許多日本士兵，而本身只有輕微的傷亡。

獲悉日軍在馬坦尼考河口西側對美軍防禦圈發動攻擊後，負責防禦圈南面的第七陸戰團一營加緊強化防禦措施。約翰巴西隆領導的機槍陣地也積極備戰，強固戰壕、清除射界，設立鐵絲網及距離標記等。

穿越叢林歷盡千辛萬苦長途跋涉的丸山支隊，於十月二十四日晚間陸續到達美軍倫加防禦圈南面附近，因為已經比原定計劃遲到一天，且負責佯攻的住吉支隊與美軍交戰已二十四小時，槍砲聲不絕於耳，於是丸山不待部隊全數抵達且未作充分休息即以迫擊砲、機槍等，對防守血腥嶺的美軍發動正面攻擊。美方負責防守該地點的正是第七陸戰團一營，而約翰巴西隆的機槍陣地恰是首當其衝。

攻擊發動後的四十八小時內，丸山支隊主力約三千人分成數波不斷朝巴西隆陣地衝鋒，美軍陣地的機槍也答答答答不停掃射，日軍大量屍體在鐵絲網及陣地壕溝前堆積如山。巴西隆甚至在日軍攻勢暫歇時，單槍匹馬匍匐前進至鐵絲網線，把堆積如山的日兵屍體移下，清除妨礙機槍陣地的射界。少數日軍趁隙衝到陣地，巴西隆及弟兄被迫以手槍及刺刀肉搏。

機槍不斷發射，彈藥消耗迅速，巴西隆數度返回彈藥補給站拿取機槍子彈，途中遭遇突破防線的日兵阻攔發生打鬥。體格強健又擅長拳擊的巴西隆都能擊退日兵，但是他的幾名戰友並不如他一般幸運。日軍攻勢高潮時，巴西隆有時必須抱起白朗寧 M1917 水冷式三〇機槍掃射，卻在混亂中丟失了防護用的防燙手套，以致他的左手及左手臂被滾燙的槍管造成三度灼傷。

戰鬥結束後，巴西隆的十五人機槍班只剩下他自己及兩名受傷的戰友存活。他的一位戰友回憶：「巴西隆抱著機槍三天兩夜不眠不休，他固守陣地對日軍造成莫大的威脅。」美軍清理戰場，有數百名日軍是死在約翰巴西隆的機槍之下。巴西隆領導戰友阻擋日軍攻勢的戰功立即獲得上級的肯定。

此役巴西隆到底殺了多少日軍？沒有一個明確數字。有人估計巴西隆殺了一千五百名日軍，但是丸山支隊此役作戰陣亡人數約一千五百人，不可能全數死於巴西隆槍下，所以一千五百人的數字無疑是誇大的。說巴西隆此役殺敵數百應該是可以接受的。

此役美軍稱之為韓德森機場戰役（Battle for Henderson Field），丸山支隊超過一千五百人在作戰中陣亡，而美軍的損失約為六十人死亡。雙方死傷比例極為懸殊，可以說是日軍再度慘遭美軍大屠殺。此役情節的發展也可以說是九月間血腥嶺之役的放大版，也是瓜達康納爾島戰事的轉捩點，日軍自此之後無力再對韓德森機場發動大規模的行動，而退守瓜島中西部山區採取守勢，美軍則轉成是採取主動攻勢的一方。

登陸後作戰已長達四個月且疲憊不堪的第一陸戰師，於一九四二年十二月初撤離瓜島由陸軍接防。日軍大本營估算已無兵力及資源與美軍在瓜島纏鬥，終於一九四三年二月初在瓜島西北端撤出殘餘的一萬餘名部隊，轉進至瓜島以西的新喬治亞群島（New Georgia Islands）建立新的防線。

一九四三年初，第一陸戰師抵達澳洲的墨爾本整補，獲得休養生息的機會。不久，軍方指派約翰巴西隆返回美國，想利用他的英雄形象向國民推銷戰爭債券（war bond），以籌措戰爭經費。巴西隆獲得頒發美國軍人最高榮譽的榮譽勳章，隨即開始他的戰爭債券巡迴美國之旅。九月，他回到家鄉拉里坦，小鎮特別為他舉行大遊行，《生活》雜誌（*Life*）及福斯電影新聞（*Fox Movietone News*）都有大幅報導，使得約翰巴西隆成為美國家喻戶曉的英雄人物。

巴西隆逐漸厭倦這種推銷債券的公關活動而向軍方請求回到戰場，未獲得允許。軍方提供他一個坐辦公桌的輕鬆職務，遭到他拒絕。年底巴西隆再度表達上戰場的意願，終於獲得軍方同意，他被派到加州潘德頓陸戰隊營區（Camp Pendleton）受訓，期間認識了一位陸戰隊女性後備役中士的雷娜．瑞吉（Lena Mae Riggi），不久之後結為連理。

次（一九四四）年七月，巴西隆役滿重新回到陸戰隊，被分配在第五師二十七團一營C連。一九四五年二月十九日，美軍進攻具有高度戰略價值的硫磺島，該島隸屬於東京都小笠原村，位於東京以南一千零八十公里，面積僅二十一平方公里。自該島起飛的轟炸機作戰半徑可達東京及本州南部。雖然登陸前經過美海軍三天三夜的持續砲轟，藏匿在山洞及掩體內的日軍防禦砲火仍極為猛烈，登岸後的陸戰隊員幾乎無法前進，死傷慘重。日軍在島上各處建立許多堅固的隱蔽陣地，巴西隆所屬的C連被其中一個日軍機槍陣地壓制得無法抬頭。他沿陣地側邊匍匐前進然後爬到陣地上方，用手榴彈將陣地內日軍全部解決，掃除C連前進的障礙。

巴西隆接著帶領弟兄繼續冒著槍林彈雨向下一個目標——一號機場前進（日軍稱千鳥飛

行場），沿途幫一輛陷入敵方地雷陣的戰車脫困。他身先士卒，在即將進入機場之際，一枚敵方迫擊砲彈在他身旁爆炸，碎片擊中頸部，不幸倒地身亡。

巴西隆勇敢過人的行動，幫助陸戰隊在登島最困難的階段掃除障礙並滲透日軍防線佔領機場，居功厥偉。他後來被追授海軍十字勳章，是美國海軍與陸戰隊頒授的第二高等的勳章，僅次於榮譽勳章。連同前面的榮譽勳章，巴西隆是美國海軍陸戰隊唯一同時獲得此二最高榮譽的英雄。今日，巴西隆安葬在華府附近的阿靈頓國家墓園。

約翰巴西隆的故事可見ＨＢＯ迷你電視影集《太平洋戰爭》（*The Pacific*）。

作者駐索期間曾四度前往血腥嶺，曾特意尋找當年巴西隆機槍陣地的遺址。但是時隔近八十年，血腥嶺已是面目全非，當年應該是林木茂密的高地，現在只剩稀疏雜草，周圍還散布著幾棟簡陋的高腳屋建築。根據戰史所述，研判巴西隆的機槍陣地應該是在血腥嶺南端八〇高地一帶，面對日軍主力進攻的必經之路，才能有如此驚人的戰功。索國政府於二〇一七

年八月將血腥嶺劃定為該國第一個國家公園，但沒有設立公園管理處等配套措施，也缺乏相關的人才，所以沒有相關地圖、說明及標定巴西隆機槍陣地等，殊為可惜。

二〇一八年我也曾沿著「丸山路」，前往血腥嶺對面的高地觀看血腥嶺。戰後索國當地人士利用「丸山路」修建成一條類似產業道路，但因穿越叢林且用路人不多，所以蔓藤雜草叢生掩蓋部分路面。沿著山腰而建的道路到了盡頭豁然開朗，從高處往前望，可以看見四、五百公尺的距離外一些三、四十公尺的連續土丘形成丘陵，距離最近也就是最南的土丘應該就是八〇高地，遠端明顯比較高的就是一二三高地。

倫加河自丘陵南邊轉向西邊緩緩流入鐵底灣，河岸至土丘之間形成一些沼澤。當年丸山部隊徒步拖著各式裝備穿越茂密叢林行軍五、六天至丸山路底之後，還要趁夜摸黑橫渡倫加河及河邊沼澤，千辛萬苦抵達丘陵邊已經筋疲力竭，未及喘息指揮官又下達攻擊令，爬坡向上對防守的美軍進行仰攻。美軍雖然在丸山部隊發起攻擊後才得知日軍主力再次對血腥嶺發動攻擊，但是西側負責佯攻的住吉部隊提前發難，已使防守的美軍有所警覺。再加上巴西隆帶領的機槍班堅守陣地，配合美軍猛烈的砲火支援，可以想像，日軍人數雖佔優勢，但是日軍的勝算確實不高仍是事實。

下士

約翰巴西隆

美國海軍陸戰隊

以表彰下文所述事蹟：

一九四二年十月二十四日至二十五日，（巴西隆下士）隸屬於第一陸戰師第七團第一營期間，赴索羅門群島之瓜達康納爾島，在島上的倫加地區抵抗日軍敵對部隊，並於行動中表現了卓越的英雄之舉和顯著的勇敢氣概。當敵軍重襲海軍陸戰隊的防禦陣地時，巴西隆下士率領兩支機槍小隊，在奮戰中阻擋敵軍狂野的決死猛攻。日軍在一場激烈的正面攻勢中以手榴彈、迫擊砲破壞巴西隆下士的機槍，他那時帶領的一個機槍班和班兵已經無力再戰，僅剩兩個人能繼續作戰。他又多移了一挺機槍到射擊位置上待命攻擊，之後也修復了另一挺機槍、並親手操作，堅守自己的陣線等待友軍馳援。不久之後，由於彈藥所剩無幾、補給線又被斷絕，巴西隆下士冒著敵軍攻擊的極大危險，殺出重圍，替機槍兵帶回急需的彈藥，因而付出莫大貢獻，實質上殲滅了日軍一個聯隊。他的大無畏和英勇的進取行動符合了美國海軍最高的傳統。

一名機槍兵正在為在河中清洗的弟兄把守，它所使用的水冷式三〇機槍，與巴西隆在作戰時所使用的是同一款。（USMC）

今日之索羅門群島首都荷尼阿拉，右側為馬坦尼考河，也就是當年美軍倫加防禦圈的西側。（作者攝）

「丸山路」的盡頭可看見倫加河的對岸（圖右），就是日軍攻擊目標韓德森機場以南的「蜈蚣」血腥嶺，日軍集結後涉水渡河跨過沙洲發動進攻（作者攝）。

2017 年 8 月，時任美軍太平洋陸戰隊總士官長的 Paul McKenna，帶領所屬登上血腥嶺，到當年巴西隆堅守的機槍陣地尋幽，看看英雄當年是如何作戰的。（USMC）

丸山路紀念碑，此碑銘牌亦難逃被偷竊的命運。（Chris Sattler）

第六章

美日水兵共同的長眠地
——鐵底灣的故事

高達數十艘各型軍艦及數百架飛機長眠海底，使得鐵底灣成為世界軍艦及飛機殘骸最密集的地方。

今日的鐵底灣歸於平靜，但人們似乎已經忘記了它原本的名稱，遠方是沙沃島。（Chris Sattler）

鐵底灣（Ironbottom Sound）原稱沙沃灣，是介於瓜達康納爾島、沙沃島（Savo）及佛羅里達群島之間的海域。二次大戰期間盟軍（美、澳）與日軍在此海域發生多次海戰，雙方各有數十艘軍艦及數百架戰機沉沒，因此盟軍官兵以鐵底灣稱之。當然，雙方戰死或溺斃或慘遭鯊魚吞噬的官兵約數千人也長眠於此。

一九四二年八月七日至一九四三年二月九日的瓜島戰役，其實就是韓德森機場爭奪戰，後來由於雙方不斷投入兵力，演變成雙方的主力戰。六個月期間美日雙方陸戰死傷無數，但是雙方在瓜島周圍數度發生的海、空戰也極為慘烈。

日軍拉包爾指揮部在知悉美軍登陸瓜島之後，立即指派三川軍一海軍中將於次（八）日率領一支由五艘重巡洋艦（旗艦鳥海帶領第六戰隊的青葉、古鷹、加古、衣笠）、二艘輕巡洋艦（天龍、夕張）及夕凪號驅逐艦的第八艦隊，自拉包爾出發，經由新喬治亞海峽[1]南下於當日晚間抵達沙沃島海域，出其不意攻擊盟軍由八艘巡洋艦、十五艘驅逐艦組成的陣容，經過幾小時的交戰，軍艦數目佔優勢的美軍三艘巡洋艦文森內斯號（USS *Vincennes*, CG-

1 註：又稱狹縫口（Slot），是位於索羅門群島的新喬治亞及伊莎貝爾島之間的狹長海峽。

49）、艾斯托利亞號（USS *Astoria*, CA-34）、昆西號（USS *Quincy*, CA-39）以及澳洲巡洋艦坎培拉號（HMAS *Canberra*）被擊沉，另有兩艘驅逐艦嚴重受損，官兵死傷達一千餘人；而日軍僅有輕微的損失。**這是美國海軍史上最嚴重的一次挫敗**，官兵自嘲當時的美方軍艦好像是活靶一樣，任憑日軍射擊。日軍大勝的原因主要是奇襲策略奏效，而且事前經常操練夜間作戰也是致勝關鍵。此役稱之為沙沃島海戰（Battle of Savo Island，日軍稱第一次索羅門海戰）。

盟軍剩餘艦隻在八月九日海戰之後，立即全數撤離瓜島水域，部分重裝備及彈藥糧食等也來不及卸下，已登島的陸戰隊不僅失去海軍的保護，也在糧食彈藥不足的情況下苦撐了一段時日。

拉包爾日軍總部其實對沙沃島海戰的「重大勝利」並不滿意，因為第八艦隊沒有乘勝追擊美國運輸船隊以擴大戰果，山本五十六的參謀長宇垣纏對第八艦隊的行動提出批評：「損傷不大，彈藥也還有，真的有必要撤退嗎？」負責奪回瓜島的陸軍第十七軍參謀長二見秋三郎少將哀嘆道：「叫他去取蜜柑，結果只剝了層皮就回來了。」所以可以說日軍在沙沃島海戰只取得戰術勝利，但在戰略上僅取得未竟全功的成果。

沙沃島海戰後日軍亟欲奪回機場，持續運送部隊與補給至瓜達康納爾島，但是運輸船速度慢，容易遭受美軍飛機及船艦的攻擊。因此後來改在夜間派驅逐艦自拉包爾南下至瓜島，輸送少量部隊及補給以增援瓜島上的日軍，在天亮前返回日方基地。日軍自稱「鼠輸送」，美方則稱之為「東京快車」，這種模式持續長達數個月。執行「東京快車」的驅逐艦運載量有限，有時還是會被美軍發現攔截而未能完成運送的任務。十月起，瓜島上的日軍部隊缺乏足夠的糧食，前線單位甚至有數天沒有進食的情形。日方曾多次改以潛艇運送補給，但載運量比驅逐艦更小，難以填飽飢腸轆轆的部隊。

日軍於八月下旬（一木支隊）、九月中旬（川口支隊）及十月下旬（丸山支隊）共三次發動奪回機場的行動，但均告敗北付出慘痛代價。不死心的日軍計劃在十一月再度發動攻擊，日海軍除派出十一艘大型運輸船以載運七千名士兵外，另外還由阿部弘毅海軍中將率領第十一戰隊組成砲擊支援艦隊，包括比叡號與霧島號兩艘主力艦、長良號輕巡洋艦及十四艘驅逐艦[2]，並以挺身攻擊隊作為隊名[3]，準備於抵達瓜島後砲轟韓德森機場，以掩護陸軍的登陸。

2 編註：各驅逐艦分成直衛隊：雪風、天津風、曉、雷、電、照月；警戒隊：朝雲、村雨、五月雨、夕立、春雨；瓜島－拉瑟角警戒隊：時雨、白露、夕暮。

美軍十一月初獲悉日軍將對瓜島有所行動的情報，除派出一支運輸艦隊運載增援部隊及裝備物資外，也派出67.4特遣支隊（TG 67.4）、64特遣艦隊等兩支戰鬥艦隊包括兩艘重巡洋艦舊金山號（USS *San Francisco*, CA-38）、波特蘭號（USS *Portland*, CA-33）、三艘輕巡洋艦海倫娜號（USS *Helena*, CL-50）、朱諾號（USS *Juneau*, CL-52）、亞特蘭大號（USS *Atlanta*, CL-51）及八艘驅逐艦，以保護島上美軍及阻止日軍登陸。

美日兩方艦隊於十一月十三日凌晨在沙沃島及瓜島間的海峽遭遇。當時海象不佳且無月光，雙方在漆黑且非常近的距離內互相開火四十分鐘。混戰的結果，指揮系統紊亂的美軍艦隊多艘受到重創，僅餘巡洋艦海倫娜號及驅逐艦佛萊契號（USS *Fletcher*, DD-445）尚可作戰。兩艦隊指揮官卡拉漢少將（Daniel Callaghan）及史考特少將（Norman Scott）及一千餘名官兵均不幸陣亡。

與美軍相比，日軍損傷比較輕微，一艘戰鬥艦、一艘巡洋艦及四艘驅逐艦中度損傷，另四艘驅逐艦輕度損傷，但都還可以作戰。在此情況下，日艦隊指揮官阿部弘毅其實可以追擊美軍殘餘艦隻，並按照原定計劃砲轟韓德森機場及讓七千名部隊登陸瓜島。但他決定取消任務而撤離沙沃島水域。原因可能是兩軍交戰中旗艦艦橋遭砲轟，幾名參謀死亡，他本人受傷，且無法正確獲知美軍殘餘艦隊的情況，倘艦隊貿然前行轟炸韓德森機場，至黎明時可能遭受美軍仙人掌航空隊的空襲。而且他的艦隊四散各處需要時間重整隊形。聯合艦隊司令山本五十六於交戰後立即命令運輸船艦撤回短土島（索羅門群島最西端）待命，不久之後即解除阿部的指揮官職務。

雙方的交戰並未就此結束。十三日天亮後，日方受損的主力艦比叡號及其他驅逐艦遭受來自韓德森機場、艾斯比李杜桑多（今屬萬那杜）、努美亞（Noumea，新喀里多尼亞首府）及美航空母艦艦載機不斷輪番攻擊，比叡號於十三日晚間在沙沃島西北邊沉沒。

美方的亞特蘭大號輕巡洋艦沉沒在瓜島海岸附近；另一艘輕巡洋艦朱諾號原本即已在交戰中受損，後來再被日軍潛艇伊－二六號以魚雷擊沉。

日軍此時仍未放棄砲轟韓德森機場及運送部隊登陸瓜島的計劃。山本五十六指派第二艦隊司令近藤信竹海軍大將親率霧島號主力艦、重巡愛宕、高雄；輕巡長良、川內，及九艘驅

3 編註：這是日本海軍首次使用「挺身攻擊」或「挺身隊」的名稱。從字面上來看，這是帶有「勇敢地獻出身體」，或「自願出擊」的含意。這個名詞的出現，正好體現出日本軍方對戰爭心態的改變。此時是距離日本一九四五年八月投降還有兩年九個月的時間，就已經出現要官兵以死殉國，以求換得勝利的決心。

逐艦於十一月十四日晚間前往瓜島水域。

美海軍當時在瓜達康納爾島附近水域僅剩一些沒受損的軍艦可用，艦隊司令海爾賽將軍（William Halsey Jr.）指派海軍少將小威利斯・李（Willis Augustus Lee Jr.）[4]率領兩艘主力艦華盛頓號（USS *Washington*, BB-56）、南達科達號（USS *South Dakota*, BB-57）及四艘驅逐艦迎戰。這個特遣艦隊均抽調自不同的部隊，可說是臨時拼湊而成，缺乏共同作戰的經驗。

十四日晚間十一點，日美兩軍艦隊在沙沃島海域遭遇、互相開火，昏暗的夜色中敵我難以辨識。美艦隊先鋒的兩艘驅逐艦遭擊沉，另兩艘重傷後撤，日艦隊也有損傷。美軍兩艘主力艦華盛頓號及南達科達號由東向西先後通過沙沃島海峽時，南達科達號電子系統突然故障，雷達、通訊及相關系統均失靈無法使用。半夜十二點時，又聾又瞎的南達科達號被日軍探照燈鎖定，日艦隊霧島號及其他日艦集中火力朝這艘美軍主力艦猛烈砲轟。南達科達號在十幾分鐘內遭日方艦砲擊中二十六發，但魚雷均未擊中。行動遲緩但尚可航行的南達科達號於是轉頭撤退。美軍另一艘主力艦華盛頓號，通過海峽時日軍全然不知，後來日軍發現南達科達號並集中火力砲轟時，敵我立分，華盛頓號於是在近距離內火力全發攻擊霧島號。霧島號總共遭擊中三十餘發，嚴重大火，不久後就沉入鐵底灣。這是太平洋戰爭期間第一次也是唯二的主力艦對決[5]。旗艦司令小威利斯・李少將事後得到美國海軍最高等級的海軍十字勳章。

四艘載運日本陸軍的運輸船於十五日凌晨登陸瓜島西北海灘。卸載時，韓德森機場仙人掌航空隊及航空母艦企業號（USS *Enterprise*, CV-6）的艦載機，天微亮後立即來襲。瓜島岸上美軍也以砲火攻擊，四艘運輸船均在海灘上起火燃燒，日軍僅有兩千餘人登陸，大量的彈藥及口糧來不及卸載上岸。

此役稱之為瓜達康納爾海戰（Naval Battle of Guadalcanal，日軍稱為第三次索羅門海戰）。日軍第四度奪回瓜島的企圖宣告失敗。

---

4 編註：李將軍還是一九二〇年安特衛普奧運的美國隊射擊選手，並且獲得五金、一銀、一銅的好表現。

5 註：第二次是一九四四年十月二十五日，於雷伊泰灣海戰期間，發生在菲律賓的蘇立高海峽（Surigao Strait）的砲擊戰。

瓜達康納爾戰役自一九四二年八月七日美軍登陸及次日發生沙沃島海戰起，至一九四三年二月九日，日軍撤退止，美日雙方總共在鐵底灣發生四次主要的海戰及多回次要海戰。日方被擊沉十七艘艦隻，包括主力艦、巡洋艦、驅逐艦、運輸船及潛艇等。盟軍則被擊沉三十三艘艦隻包括，巡洋艦、驅逐艦、掃雷艇、魚雷艇、運輸船、拖船等。由於鐵底灣水域面積不大，龐大的航空母艦難以機動，雙方航空母艦均未進入，可以說是在鐵底灣海底唯一缺乏的艦種。

瓜島戰役期間空中戰鬥幾乎每天都有，雙方都各有數百架戰機被擊落葬身鐵底灣。日軍多半是零式戰鬥機，自拉包爾或布干維爾島長途飛行至瓜島，飛行員已經筋疲力竭，倘遇美方戰鬥機攔截纏鬥，日機油料就不足飛返基地。戰機倘因被擊落或故障，或油料不足而墜落海面後，美國飛行員通常很快會獲得韓德森機場，或位於圖拉吉的水上飛機或水面船隻的救援而保住寶貴的生命，很快回到基地繼續戰鬥任務；日本飛行員則只能自生自滅。因為鐵底灣是美國飛機及軍艦的勢力範圍，日本慢速的救援船或水上飛機無法貿然進入。因此日本飛行員或溺斃，或遭鯊魚吞噬，幾無機會再回到戰場。日本有經驗的飛行員就在此大量耗損，造成日本敗戰的因素之一。

高達數十艘各型軍艦及數百架飛機長眠海底，使得鐵底灣成為世界作戰艦隻及飛機遺骸最密集的地方，也是世界船骸潛水（shipwreck diving）的最佳地點。

微軟共同創辦人保羅艾倫（Paul Allen）對搜尋二戰軍艦船骸有高度興趣與熱忱，他的團隊在大西洋及太平洋等海戰場地進行發現之旅。保羅艾倫團隊於二〇一五年搭乘豪華遊艇章魚號（*Octopus*）來到索羅門群島的鐵底灣，對九百八十平方公里的海床進行搜尋及繪製地圖，確認了二十九艘船艦殘骸的位置，包括美軍阿斯托利亞號、昆西號、文森內斯號、北安普敦號（USS *Northampton*, CA-26）、亞特蘭大號及澳洲的坎培拉號巡洋艦，以及美日雙方約二十餘艘驅逐艦等。

二〇一八年三月，艾倫團隊搭乘研究船海燕號（*RV Petrel*）再度來到鐵底灣，這次他們找到了遭魚雷擊沉的朱諾號巡洋艦，艦上有六百八十三名人員包括**蘇利文五兄弟**在內戰歿（請見下一章）。二〇一九年二月，海燕號在沙沃島西北邊發現了日本主力艦比叡號，這是日本在二戰期間損失的第一艘主力艦。

鐵底灣不僅是美、澳及日本船艦及飛機的墳場，更有近萬名軍人葬身此處，美國每年（通常是八月七日瓜島登陸紀念日）都會派艦來此紀念陣亡將士。我國的海軍遠洋訓練支隊（敦睦艦隊）自一九八四年起訪問索羅門群島，每次經過鐵底灣時都會舉行獻花儀式。

瓜島戰役六個月期間發生了諸多慘烈的海戰，不僅八月八日的第一次沙沃島海戰是美國海軍有史以來最嚴重的挫敗，十一月十三日瓜島海戰美方居然有兩位海軍少將同時陣亡，而且當時揚威太平洋的日本帝國海軍連續兩艘主力艦被美方擊沉等等，真有許多說不完的故事。數千名陣亡的官士兵，不論是艦上作戰身亡、墜海溺斃或被鯊魚吞噬，也都各有感人的故事。其中最令人動容的，就是同在一艘艦上服役同時陣亡的蘇利文五兄弟的故事。

沙沃島

瓜達康納爾島及佛羅里達群島之間，鐵底灣西北端出口正中央的島嶼，正是沙沃島。

沙沃島是一個火山島，位於瓜達康納爾島西北端艾斯帕恩斯角（Cape Esperance）的東北方十五公里隔海峽相望，面積三十一平方公里，大致呈圓形，最高點海拔四百八十五公尺。沙沃島火山曾於一八三五年及一八四七年兩度大爆發，島上居民及禽鳥家畜均死亡，經過數十年的休養生息才逐漸有人類遷入。

沙沃島現今屬於索羅門群島的中央省，人口約三千餘人，與西鄰的拉瑟島（Russel Island）共同成為一個國會選區。二〇〇二年至二〇〇六年該區選出的人民聯盟黨國會議員柯馬克札爵士（Sir Allan Kemakeza）當選索羅門群島的總理。

沙沃島上有一種奇特的鳥 Megapode，可粗略翻譯為「**大腳鳥**」。這種鳥跟一般雞同樣大小，牠們會在沙灘下蛋，然後再以腳撥沙掩蓋。蛋的尺寸略大於鴨蛋，利用沙沃島火山的地熱來孵蛋。島上的居民經常在溫熱的沙灘上挖掘鳥蛋食用，稱之為「**蛋田**」，成為他們的「家常菜」。但是長久過度的榨取，這種鳥類數量遽減，已瀕臨絕種，現在一般人已經不容易吃到地上挖出來的大腳鳥蛋了。

放眼望去這片海域就是鐵底灣，最左方的島嶼是沙沃島，正中及右方的島嶼是佛羅里達群島。（作者攝）

二〇一〇年三月，中華民國海軍遠洋訓練支隊（敦睦艦隊）的班超艦錨泊在瓜島的荷尼阿拉港外。誰人可以想像，在這片平靜的海水之下，卻是上萬英魂的長眠之地。（Chris Sattler）

二〇一九年五月，索國外交部長由支隊長王少將及本書作者羅大使陪同，在磐石艦上檢閱我海軍陸戰隊儀隊。（作者提供）

瓜島戰役及二次大戰已過七十餘年，鐵底灣已恢復平靜，各國軍艦行駛至此，都會憑弔各國海軍英魂。二〇一一年，我國敦睦艦隊全體官兵，在鐵底灣獻花致意。（軍聞社）

第七章

蘇利文兄弟同艦「生死與共」的悲劇

「我們生死與共」（*We Stick Together*）

美國海軍的蘇利文五兄弟，左起喬伊、法蘭克、阿爾、麥特、喬治。（US Navy

朱諾號是美國海軍活躍於第二次世界大戰的亞特蘭大級輕巡洋艦。一九四〇年五月在紐澤西州的聯邦造船廠安放龍骨，一九四一年十月下水，排水量六千七百一十八噸，全長一百六十五公尺，航速最高可達三十二節。艦上有十六門雙聯裝五吋砲、十六門四聯裝二八公厘防空砲、八座單管二十公厘防空機砲以及魚雷等武器，是一艘以防空為主要任務的軍艦，通常伴隨航空母艦航行以防止敵機來襲。朱諾號以阿拉斯加州首府朱諾市命名，一九四二年二月成軍，全艦編制六百七十三名官士兵。

蘇利文（Sullivan）五兄弟喬治（George）、法蘭克（Frank）、喬伊（Joe）、麥特（Matt）及阿爾（Al）來自愛荷華州華特盧（Waterloo）的同一家庭。一九四一年時，老大喬治二十六歲、老么阿爾十九歲，喬治與老二法蘭克均曾加入海軍而於一九四一年五月退伍。一九四一年十二月七日，日本偷襲珍珠港，美國對軸心國宣戰，引發年輕人參軍熱潮。熱血沸騰的蘇利文五兄弟愛國不落人後，而且喬治與法蘭克有當過水兵的經驗，所以於一九四二年一月三日一起報名參加海軍，五兄弟均體檢合格獲得錄取後，經過簡短訓練被分配到甫於二月成軍的朱諾號巡洋艦服勤。美國海軍當時有規定同一家親兄弟不得同時在同一艘軍艦服役，但並未嚴格實施。

成軍後的朱諾號，前半年都在北大西洋及加勒比海執行巡邏及護航的任務。一九四二年八月七日，美軍登陸瓜達康納爾島，對日本發起反攻。二十二日朱諾號啟程前往太平洋戰區，途經東加（Tonga）及新喀里多尼亞作短暫停留。朱諾號於九月十日抵達索羅門群島附近，加入美國在該區域以企業號及大黃蜂號（USS *Hornet*, CV-8）航空母艦為主的特遣艦隊。

十月二十六日，朱諾號隨艦隊在索羅門群島最東端的聖克魯斯群島附近與日方發生海戰。美方艦載機擊傷日軍的瑞鳳號、翔鶴號航空母艦、一艘巡洋艦及一艘驅逐艦。日方派出二十七架艦載機攻擊大黃蜂號航艦，朱諾號及其他護航艦總共擊落二十架日機，但是受損嚴重的大黃蜂號於次日沉沒。朱諾號離開大黃蜂號加入企業號的護航，陸續擊落十八架日機。聖克魯斯海戰顯示出朱諾號以防空為主要任務的設計確實發揮了作用。

因為偵知日本將對瓜達康納爾島發動大規模登陸，美軍於十一月十二日對瓜島進行運補以加強島上美軍防禦力量，朱諾號被指派擔任運補船團的防空火力。下午兩點零五分，美船團正在瓜島海岸卸載時遭受三十架日機攻擊，朱諾號的綿密防空火力擊落其中六架魚雷攻擊機。

十一月十三日午夜，美、日艦隊在沙沃島海峽遭遇，在黑暗中經過一陣混戰後，美方慘敗。其中朱諾號遭日本驅逐艦天津風號一枚魚雷擊中受損，隨同受損的巡洋艦海倫娜號及舊金山號等殘存艦隻緩慢往東撤離。

十三日上午十一點，日軍伊－二六號潛艇發現並鎖定這群傷兵，對其中排水量最大的舊金山號巡洋艦發射兩枚魚雷。沒想到這兩枚魚雷從舊金山號船艏前通過，而其中一枚不偏不倚擊中朱諾號的舊傷口，立即發生劇烈爆炸斷成兩截，二十秒之內沉入鐵底灣。

因為擔心日軍潛艇繼續攻擊，且研判朱諾號因劇烈爆炸及迅速沉沒不可能有人生還，所以海倫娜號與舊金山號決定繼續前行，不回頭尋找及援救朱諾號的生還者。實際上朱諾號爆炸沉沒後還有一百多名的生還者，他們在海上漂流了八天，大部分的人因為受傷、飢渴或鯊魚咬噬而一個個死去，最後僅剩十人存活，分別被美國水上飛機及驅逐艦救起。除了這幸運的十人外，朱諾號官士兵六百餘人包括蘇利文五兄弟在內就此永眠鐵底灣。根據生存者表示，蘇利文五兄弟中的法蘭克、喬伊及麥特於朱諾號爆炸時當場死亡，阿爾第二天溺斃，老大喬治存活了四、五天後，因失去所有的弟弟傷心欲絕而墜入海中死亡。

為了保防目的，美國海軍通常在軍艦失事後不會立即發布相關訊息。蘇利文五兄弟的母親阿莉塔（Alleta Sullivan）在隔了約兩個月沒收到兒子們的來信，而且聽聞朱諾號可能已經失事的傳言，所以於一九四三年一月初寫信給海軍人事局查詢。這封信輾轉呈給羅斯福總統，並於一月十三日親自回信，通知她的五個兒子在作戰中失蹤（MIA, missing in action）。但實際上前一天一月十二日，蘇利文兄弟的父親湯姆（Tom Sullivan）正要出門工作，來了三個穿制服的人，一位軍官、一個醫師及一個士官長，軍官告訴湯姆說有他兒子的訊息要通知他，湯姆說：「哪一個？」軍官回答說：「全部五個。」天啊！同時失去五個兒子，真是慘絕人寰。蘇利文五兄弟留下一個姊妹珍妮維葳（Genevieve），老么阿爾留下妻子及一個兒子，喬伊與麥特也都有未婚妻。

「戰鬥蘇利文兄弟」（Fighting Sullivan Brothers）立即成為美國家喻戶曉的英雄，除了羅斯福總統寫了慰問信給他們的父母，教宗庇護十二世（Pope Pius XII）也送了一枚銀質獎章以示哀悼，愛荷華州參眾兩院也通過表彰蘇利文五兄弟的法案。湯姆與阿莉塔應邀到許多兵工廠演說鼓舞大家的士氣。蘇利文五兄弟的故事於一九四四年被二十世紀福斯電影公司拍成影片《蘇利文兄弟》（*The Fighting Sullivans*），頗為感人。

一九四三年四月，美國海軍一艘新的佛萊契級（*Fletcher* Class）驅逐艦命名為蘇利文號（USS *The Sullivans*, DD-537），並由母親阿莉塔親擲酒瓶下水。蘇利文號驅逐艦的標語是「**我**

們生死與共」（**We Stick Together**）。蘇利文號驅逐艦服役後，參與太平洋諸多戰役，二戰結束後又參與韓戰（一九五〇至一九五三年），得到九座二戰戰鬥星獎章（Battle Star）及兩座韓戰戰鬥星獎章[1]。一九六五年蘇利文號除役後封存，一九七七年與巡洋艦小岩城號（USS *Little Rock*, CG-4）一起被移至紐約州的水牛城（Buffalo City）成為博物館船。一九九五年美國一艘新的勃克級神盾驅逐艦（*Arleigh Burke* Class）又被命名為蘇利文號（USS *The Sullivans*, DDG-68），標語同樣是「**我們生死與共**」。

蘇利文五兄弟事件之前，美軍同胞兄弟在同一艦隻或同時在不同單位服役的情況相當普遍，實際上朱諾號巡洋艦上除了蘇利文五兄弟之外還有十幾組同胞兄弟。蘇利文五兄弟事件後，又發生伯斯壯四兄弟（Borgstrom Brothers）事件，來自猶他州的伯斯壯四兄弟分別在美

1 編註：美國海軍任何軍艦只要參與一次戰役，海軍部就會頒發一枚戰鬥星以做表彰。這裡代表該艦在二戰期間參與了九次、韓戰參與了兩次的戰役。

國陸軍、海軍陸戰隊及陸軍航空隊等不同單位服役，他們先後於一九四四年三月、六月及八月作戰身亡。

蘇利文五兄弟及伯斯壯四兄弟事件引起美國政府及公眾的關注，認為需要立法加以規範以避免類似情形再度發生。一九四八年美國會通過了「**僅存者政策**」（**Sole Survivor Policy**），設計目的是用來在某一人士遭逢家中成員於從軍期間殉職的變故時，保護其得以不被徵召入伍、或免除參加戰鬥任務。後來在越戰期間兩度修改相關規定以使其更加完善。在此之後，美國的陸海空各軍種都分別為旗下的軍人與其直系親屬制定了相關的分離政策，以防止同一家庭有數人接連陣亡，甚至香火無人繼承的情形發生。

除了蘇利文五兄弟及伯斯壯四兄弟外，二次大戰類似兄弟檔戰歿的事例還不少。尼蘭德兄弟（Niland Brothers）也是一個著名的事例。來自紐約州尼蘭德家的愛德華（Edward）、普列斯頓（Preston）、羅伯（Robert）及菲德里克（Frederick）四兄弟，二次大戰爆發後都熱血參軍。老大愛德華是B－25轟炸機上的空勤士官，一九四四年五月他的飛機在緬甸上空執行任務時被日軍擊落，認定作戰死亡。老三羅伯及老二普列斯頓於一九四四年六月六日諾曼第登陸當天及次日作戰死亡。菲德里克是一〇一空降師的一名士官，也參加了諾曼第登陸。在作戰幾天之後獲得喘息機會，就去八十二空降師找他的兄弟羅伯，才知道羅伯在D日登陸當天就陣亡。相信尼蘭德三兄弟已陣亡，美軍方立即將菲德里克送至英國，然後又送回美國紐約當憲兵直至戰爭結束。電影《搶救雷恩大兵》（*Saving Private Ryan*）就是根據這個故事改編而成。

一九四五年五月二戰接近尾聲，盟軍在緬甸作戰頗有進展，英軍解放了一個日本戰俘營，清點戰俘時發現尼蘭德兄弟的老大愛德華還活著。原來B－25轟炸機被砲火擊中後，他跳傘降落在叢林裡，後來被日軍發現而抓進戰俘營關押了將近一年。命不該絕，被送回美國紐約州家鄉。所以，實際上尼蘭德四兄弟有兩兄弟存活。

二戰之前，美國一般家庭生育五、六個甚至更多孩子相當普遍。日本偷襲珍珠港之後，年輕人受愛國心驅使爭先報名服役，甚至有許多未滿十八歲的少年虛報年齡蒙混入伍，所以像蘇利文五兄弟及伯斯壯四兄弟、尼蘭德四兄弟同時服役的情形比比皆是。但是蘇利文五兄弟同時在一艘軍艦上服役，就好像是把所有的雞蛋放在一個籃子裡，絕對是一件不合理且非常危險的安排。這應該是日本偷襲珍珠港之後，美國突然宣布參戰，使得徵兵及相關人員忽略當時已實施的「兄弟不得同船」的相關規定所致。

可以想像，五兄弟在登上朱諾號出航訓練操演的前幾個月，可以每天見面相聚，甚至睡同一寢室，一定感到有趣快樂。但是一旦進入戰區，每天就處於交戰狀態，經常會遭受敵方戰機、軍艦及潛艇的攻擊。很不幸地，這五兄弟就遭遇最糟糕的狀況，軍艦爆炸沉沒，五人同艦陣亡。這件慘絕人寰的悲劇被揭露之後，事情朝向正面發展，蘇利文家的父母勇敢面對突然失去五個兒子的打擊，積極向全國宣揚對抗軸心國擴張與侵略的決心，使得五兄弟成為全國家喻戶曉的英雄，美國軍方一艘新軍艦也以他們為名。更重要的是，蘇利文五兄弟的犧牲促使「僅存者政策」的立法，以防止未來同一家庭有數人同時或接連作戰死亡。

今日位於愛荷華州華特盧的蘇利文兄弟老兵紀念館，裡面闢有專區展示蘇利文兄弟的事蹟，是愛荷華州六大愛國勝地之一。

蘇利文兄弟老兵紀念館一隅，五兄弟熟悉的樣貌，以銅像的方式重新屹立在人們的面前。

第八章

日軍撤出瓜島，太平洋戰爭的分水嶺

日軍成功地從瓜達康納爾撤出了一萬多人，瓜島上已無日軍蹤影。

美軍司令帕奇這才意識到，日軍已經悄悄撤離瓜達康納爾島。

投降的日軍，對他們來說，戰爭已經結束了。（USMC）

十月二十五至二十六日的韓德森機場戰役日軍超過一千五百人在作戰中陣亡，而美軍的損失約為六十人死亡。雙方陣亡比例極為懸殊，可以說是日軍慘遭美軍大屠殺。此役情節的發展，可以說是九月間血腥嶺之役的放大版，也是瓜達康納爾島戰事的轉捩點。

日軍接著於十一月初的行動，因沒能順利轟炸韓德森機場使其無法運作，登陸部隊原計劃七千人最後僅有兩千餘人上岸，而且失去大部分的彈藥與口糧等物資。海戰方面則比叡號、霧島號兩艘主力艦遭擊沉，損失頗為慘重。瓜島戰役經過歷時四個多月的爭奪，雙方均損耗了大量的戰艦與飛機，但日軍的人員傷亡卻遠超美軍。日軍自此之後無力對韓德森機場再次發動大規模的攻擊，繼而退守瓜島中西部山區採取守勢。瓜島西部崎嶇地形彷如日本本土中部岐阜縣，所以日軍也稱這地區為岐阜，利用地形地物大肆構築碉堡、機槍堡等防禦工事，對仰攻的美軍造成嚴重的威脅。

美日雙方於一九四二年十二月至一九四三年一月在岐阜地區的奧斯丁山、奔騰小馬山和海馬山（Mount Austen, the Galloping Horse, the Sea Horse）等次戰役的交戰仍相當激烈，死傷慘重。一九九八年由西恩潘、喬治・克隆尼、伍迪・哈里遜、安德林・布洛迪等主演的好萊塢電影《紅色警戒》（*The Thin Red Line*），即是以此戰役為背景。

疲憊不堪的美國第一陸戰師於十二月撤往澳洲休息，並由陸軍第十四軍接手島上的作戰。第十四軍由第二陸戰師、陸軍二十五步兵師和二十三步兵師（外號亞美利加師，Americal Division）組成，美國陸軍少將亞歷山大・帕奇（Alexander McCarrell Patch）取代范德格里夫特成為瓜達康納爾盟軍司令，直至一月總兵力超過五萬人。

日本海軍於十二月開始，認為應該自瓜達康納爾島撤退，陸軍則仍主張奪回瓜島與韓德森機場。日本陸軍與海軍為續攻瓜島與否爭辯不休，但實際上日軍已無力繼續進行消耗作戰。大本營最終選擇了撤軍，並訂定「克號作戰」（ケ号作戦）撤軍計劃。日本天皇於十二月底，核定自瓜島撤退並在新喬治亞重整旗鼓建立新戰線。

一九四三年一月十四日，拉包爾日軍以東京快車運送一個營的部隊至瓜達康納爾，作為「克號作戰」撤退的後衛。日本軍艦和飛機進入拉包爾周圍和布干維爾地區，準備執行撤離行動。盟軍情報發現日軍的活動頻繁，但他們誤認為日軍準備再一次試圖奪回韓德森機場和瓜達康納爾。

一月二十九日，美軍派出運補船團與三艘巡洋艦、兩艘護航航空母艦，以及八艘驅逐艦組成的第十八特遣艦隊（TF 18），前往瓜島以加強美軍的防衛能力。當晚來自拉包爾的日本海軍魚雷轟炸機攻擊了美軍TF 18艦隊，並以巡洋艦芝加哥號（USS *Chicago*, CA-29）為主要攻擊目標。第二天，芝加哥號被日機持續攻擊下沉沒。美軍下令剩餘的船艦返回基地，並指示其餘的軍艦進入瓜島以南的珊瑚海，準備迎擊日軍的下一波進攻。

在此期間，殘留在瓜島的日本部隊撤退到瓜島西北部海岸，而增援的後衛部隊則預防美軍的進攻。二月一日的夜晚，日本第八艦隊第三水雷戰隊的二十艘驅逐艦，在戰隊司令海軍少將橋本信太郎的指揮下，成功地從瓜島西北端運走了五千名士兵。二月四日及七日，橋本少將和他的驅逐艦隊完成了從瓜島撤離其餘日軍的任務。盟軍除了對日本的驅逐艦隊進行一些空襲外，仍然期待著由日軍發動的大型攻勢，並沒有試圖制止橋本的撤離行動。整體而言，日軍成功地從瓜達康納爾撤出了一萬零六百五十二人。二月九日，瓜島上已無日軍蹤影，美軍司令帕奇這才意識到，日軍已經悄悄撤離瓜達康納爾，並宣布盟軍佔領瓜島，結束了這場長達六個月的戰役。

平心而論，瓜達康納爾戰役期間，日軍發動三次攻擊都沒能奪回韓德森機場，第四次則是在灘頭上就夭折了。是次戰役日軍損失陸軍兩萬四千六百至兩萬五千六百人（其中約有九千人死於疾病及飢餓）、海軍三千五百四十三人，飛行員及機組員約兩千三百人。日軍的任務可以說是徹底失敗，但是他們**最後的撤退，成功地保存了實力**。美軍則在瓜島戰役期間含海軍在內陣亡七千一百人，受傷七千八百人，與日軍相比，美軍顯然傷亡較輕，而且成功地奪取瓜島及韓德森機場，贏得**盟軍在太平洋戰爭爆發後的第一場陸上勝利**。

日本在瓜達康納爾戰役中，於戰略上和物質損失和人力上付出了高昂的代價，直接導致日本未能實現其在新幾內亞戰役當中的目標，同時也失去了索羅門群島南部的控制權，繼而無法制止盟軍到澳洲的航運。日本的主要基地拉包爾，隨著戰事的發展逐漸受到盟軍航空部隊的直接威脅。拉包爾曾進駐高達十一萬名日本陸軍部隊，加上大量的海軍及空中武力，以支援對新幾內亞及索羅門群島的進攻。如果這龐大的精銳武力專門用於進攻新幾內亞，摩斯比港可能早在一九四二年底或一九四三年初就已陷落日軍之手。但是盟軍登陸瓜達康納爾並奪取日軍興建的機場，打亂了日軍的計劃，拉包爾日軍必須分神去對付瓜島的美軍。在同時進行新幾內亞及瓜島兩場主要戰役的情況下，日軍就顯得左支右絀，難以招架了。

一九四二年六月中途島海戰雖然損失了四艘航空母艦，但日本仍然是海軍強國，繼續入侵南太平洋，但瓜達康納爾戰役結束了日本的擴張企圖。因此可以說，這是盟軍一連串勝利的開始。對盟軍來說，心理上的勝利與軍事上的勝利同樣重要。瓜達康納爾之役後，盟軍面對日軍已沒有原先的恐懼和敬畏，對太平洋戰爭的發展也變得樂觀了起來。

—

二〇一八年三月我從索羅門群島首都荷尼阿拉，開車前往瓜達康納爾島西北部日軍當年集結撤出的灘頭。公路大致沿海岸建築，右邊是鐵底灣，左邊是高低起伏的山陵，道路十分蜿蜒崎嶇，路面坑坑洞洞，約五十公里的路程開了兩個小時。瓜島最西北端的衛沙利（Visale）地區是沿線最大的聚落，人口大約七、八百人，有學校、教堂及衛生所，當年還有台灣與當地高中合作的衛生計劃。衛沙利也是沙沃島與瓜島距離最近的地點。沙沃島居民搭乘摩托艇越過海峽後，把小艇停好就走到公路上攔小巴士或卡車前往荷尼阿拉。

過了衛沙利公路轉折南下，約十分鐘後右邊一條小路進去數十公尺就看得到一個海灘，就是當年日軍撤退的地點。海灘中間有個紀念碑，但是上面的文字被強風及海水侵蝕，已經完全無法辨識。這個安靜美麗的弧形狀海灘面向西北形成一個海灣，風平浪靜，確實是個良好的撤退地點。海灘上看不出來有任何碼頭或突堤的痕跡，實際上日軍倉促撤退也不可能進行任何建設。當年日軍撤退是以驅逐艦為主要運輸工具，所以應該是驅逐艦停泊在海灣上，小艇來回沙灘及驅逐艦之間，部隊再攀爬繩梯上船。

雖然規模無法與英國軍隊一九四〇年的敦克爾克撤退相比，但日軍在這瓜島西北的無名海灘成功撤退一萬餘名殘餘部隊也算是太平洋戰爭中的一個佳作。

日軍在岐阜各地利用地形地物建立防禦陣地，包括類似圖中這種有良好偽裝的機槍陣地。（USMC）

衛沙利位於瓜島最西北端，圖中可見當年中華民國援助的寄生蟲防治計劃的牌子。（作者攝）

日本人設立的瓜島戰歿慰靈碑，是由陸軍第二師團的老兵組織所設。（作者攝）

設立慰靈碑的位置，同時也是日軍撤退的灘頭。（作者攝）

下部

第九章

勝者的紀念碑，敗者的慰靈塔
——美日在瓜島的戰爭悼念

瓜島戰役發生於一九四二年，已經過去七十幾年，這些老兵都已經超過九十歲。曾經參戰的老兵逐漸凋零，未來不太可能以近百高齡遠渡重洋回到當年的戰場。

瓜島戰役紀念碑全景。（ABMC）

瓜島戰役過了將近半世紀之後，美國戰爭紀念委員會（**American Battle Monuments Commission, ABMC**）在首都荷尼阿拉東南邊天際嶺的七三高地（Hill 73, Skyline Ridge）頂上建立了瓜達康納爾美國紀念碑（**Guadalcanal American Memorial**），以向在瓜達康納爾戰役期間陣亡的美國及盟國軍人致敬。

紀念碑是一座高二十四英尺、赭紅色大理石柱，上面銘記：

> This memorial has been erected by the United States of America in humble tribute to its sons and its allies who paid the ultimate sacrifice for the liberation of the Solomon Islands 1942-1943.
>
> 這座紀念碑是美利堅合眾國所建立，謙卑地向一九四二至一九四三年為解放索羅門群島而奮鬥犧牲的子弟及盟軍致敬。

紀念碑周圍也豎立幾面大理石牆，記載瓜島戰役數次重大的海戰及陸戰經過，還有一幅銘圖標示在鐵底灣沉沒的美國、澳洲及日本的艦隻位置圖。

瓜達康納爾美國紀念碑於一九九二年八月七日正式落成，並舉行盛大的五十週年紀念儀式。在這之後，每年的八月七日都舉行紀念儀式。

美軍及盟軍在瓜島戰役六個月期間共有約七千二百人陣亡，其中海軍（含陸戰隊）四千九百一十一人，陸軍一千七百六十八人，飛行員四百二十人，以及八十五名澳洲海軍（應該是澳洲巡洋艦坎培拉號的官兵）。有許多參戰者及陣亡者的眷屬及後世子孫，都會參加每年八月七日的紀念儀式。當然，當年參戰而幸運存活者受邀參加紀念儀式時，都會受到與會者的注目與尊敬。瓜島戰役發生於一九四二年，已經過去七十幾年，這些老兵都已經超過九十歲。曾經參戰的老兵逐漸凋零，未來不太可能以近百高齡遠渡重洋回到當年的戰場。

二〇一七年八月七日是美軍登陸瓜達康納爾島七十五週年，美國特別在美軍紀念碑舉辦盛大紀念儀式，美國海軍陸戰隊四星上將司令特別率領大批陸戰隊、海軍、陸軍、空軍（戰後一九四七年成立）、海岸防衛隊及國民兵（當年曾參與亞美利加師）等軍種將領前往瓜達康納爾，英國、澳洲、紐西蘭等當年盟國也都派高級代表團出席。當然，地主國索羅門群島總理及大批官員，作者羅添宏大使也與其他外交團成員，英國、美國、澳洲、紐西蘭、巴布亞紐幾內亞及日本等國高等專員、大使等應邀與會。一時間在天際嶺的美軍紀念碑，將星滿天、冠蓋雲集、熱鬧非凡。美、澳、紐三國也派軍艦停泊鐵底灣參加紀念儀式，美國海岸防衛隊一架HC－130H長程偵搜機也低空衝場掠過會場上空表達敬意。

當第一陸戰師軍旗及美國星條旗由四人旗隊隊伍引入會場，再次飄揚在瓜達康納爾的這個舊戰場時，全體人員起立向軍旗致敬。當年如果沒有第一陸戰師官兵在島上奮勇抵抗日軍、阻擋日軍擴張，其後的情勢不知會如何發展，太平洋戰爭的歷史可能就要改寫了。對第一陸戰師而言，瓜達康納爾對他們有非凡的意義。瓜島戰役是他們參加太平洋戰爭的第一場戰役，也是他們揚名立萬的地方，他們犧牲奮鬥贏得的勝利是盟軍在太平洋戰爭的第一場地面戰勝仗，成為太平洋戰爭的轉捩點，鼓舞美國及盟國的士氣，努力奮戰不懈，最終導致日本無條件投降。

當時的第一陸戰師師長，亞歷山大．范德格里夫特少將因為瓜島戰役指揮有功，獲得了美國軍人最高榮譽的榮譽勳章。後來擔任第十八任美國海軍陸戰隊司令，並且是美軍陸戰隊成立以來，第一位以上將階就任的將官。這不但是他個人的成就，也是美軍陸戰隊在長時間奮鬥之後所換來的榮耀。而在瓜島戰役之後的一九四三年重新設計的第一陸戰師新臂章，紅色數字「1」字代表第一師，正中央白色直書的是瓜達康納爾的英文字樣「Guadalcanal」，並以代表南太平洋的南十字星作為點綴。足見第一師，乃至整個美軍陸戰隊對瓜島戰役的重視。

登陸瓜島七十五週年紀念儀式中安排各國駐使獻花，作者也代表中華民國向瓜島之役盟軍陣亡官兵獻花致敬，我特別請日本大使幫我拍下這歷史性的鏡頭。

與勝者的紀念碑隔幾個山頭是敗者的慰靈塔，兩地述說的是截然不同的脈絡。

日本先於一九四二年五月佔領索羅門群島當時的首府圖拉吉，以及與鐵底灣相望的瓜達康納爾島。因為觀察瓜島倫加角地區地形平坦適合建設機場，所以日軍於六月二十日開始整地清理現場，並於七月六日以十二艘運輸船載來兩千兩百名朝鮮工人及海軍設營隊的五百名日軍士兵，日夜趕工興建。日軍準備派四十五架戰鬥機及六十架長程轟炸機進駐這個具有戰略價值的倫加機場，以便保護進軍新幾內亞的側翼，及控制往返澳洲與美國之間的航路。

也就是這個機場，「**瓜島無罪，懷璧其罪**」，在即將完工之際引來了一萬多名美軍第一陸戰師官兵登陸瓜島並加以奪取，因而引發日軍與美軍間一連串激烈的陸海空交戰。在六個月交戰期間，被切斷補給線的日軍稱瓜島為餓島，他們在這裡損失超過三萬一千人的死亡、約一千人被俘，三十八艘軍艦沉沒，以及超過八百架的飛機損毀。

當年曾參與瓜島戰役而存活的日本退役軍人，於一九八〇年十月在瓜島戰役後半期頑強抵抗美軍攻勢的奧斯丁山（Mt. Austen）一處面向鐵底灣的鞍部，佔地三千五百四十平方公尺的土地，花費一億七千萬日圓設立「索羅門平和慰靈公苑」（Solomon Peace Memorial Park, ソロモン平和慰霊公苑）。後來又於二〇一一年由「財團法人南太平洋戰沒者慰靈協會」（The South Pacific Memorial Association, 財団法人南太平洋戦没者慰霊協会）重新修建。

日本的「索羅門平和慰靈公苑」入口，位於瓜島海岸公路的苦昆（Kukum）。當地就是美軍於一九四三年四月負責截殺山本五十六大將、美國陸軍航空隊第三四七戰鬥機大隊的P－38G閃電式戰鬥機隊的基地。轉進入口岔路之後沿山路而上，馬路崎嶇蜿蜒，泥土路面狀況不佳，前行約三公里之後可以看見路旁日軍所建的幾處碉堡。可以停下環顧四周想像當年美軍冒死仰攻，日軍砲彈及子彈在頭上飛竄之景象。「公苑」約在三．五公里處右手路邊，需購票入場，與美軍紀念碑免費入場相比大異其趣。

日軍紀念碑係純白色的四面石柱，象徵「愛情、信賴、勇氣、智慧」，矗立在廣場上頗為醒目。這裡可以俯瞰荷尼阿拉東半市區，也可以遠眺整個鐵底灣及環繞鐵底灣四周的瓜島西北角、沙沃島及佛羅里達群島，景色十分壯觀。日軍紀念碑範圍內沒有關於瓜島歷次戰役的敘述，只有簡單的詩句表達對亡者的撫慰及對和平的期盼。

——

作者在索國兩年半期間，與兩任日本大使都相當友好，交往密切。據我所知，日方沒有在平和公苑舉行官方紀念儀式，外交團也未曾受邀前往參加相關活動。每年有數批日本民間人士戰友會或遺族會等組成的團體，到瓜島平和公苑致敬或舉行慰靈儀式。

索羅門群島於一九七八年七月七日脫離英國統治而獨立，日本於當年九月就與索國建立外交關係，而且也是少數在首都荷尼阿拉設立大使館的國家。我駐索期間，外交團每兩個月聚會一次，成員也只有英國、澳洲、紐西蘭、日本、巴紐、歐盟及中華民國等七位大使。日本與索國建交後似乎是基於贖罪及補償的心理，積極提供索國各項協助，在首都及各主要島嶼興建道路碼頭、校舍、市場，捐贈藥品、醫療設備，派遣國際協力機構（JICA）志工等等，成為索國最主要的援贈國。因此現今日本人在索國普遍受到歡迎，我經常跟許多索國各界人士接觸或聊天，未曾聽聞有人表示厭惡或痛恨日本人。這種現象頗為有趣，值得觀察。

二〇一六年起，日本替索國興建首都荷尼阿拉至國際機場（前美軍韓德森機場）的道路，二〇一八年該道路跨越馬坦尼考河的兩座橋梁（一為「友誼橋」、一為「和平橋」）完工，我與其他外交團成員也應邀參加啟用儀式。與日本大使及索國官員一起步行走過橋上時，想起一九四二年瓜島戰役期間美日雙方在此數度激戰的情形，令我感嘆白雲蒼狗世事何其多變。

美軍第一陸戰師盛大紀念登陸瓜島七十五週年活動。（USMC）

本書作者羅添宏大使在瓜島登陸七十五週年紀念活動中，代表中華民國向瓜島之役陣亡盟軍官兵獻花致敬。（作者提供）

冠蓋雲集的紀念儀式，作者代表中華民國出席。（Chris Sattler）

作者代表中華民國向盟國陣亡官兵獻花，氣氛莊嚴而肅穆。（Chris Sattler）

日軍紀念碑是四面矗立的白色石柱。（作者攝）

日本政府援建、跨越馬坦尼考河的兩座橋梁之一的友誼橋。（作者提供）

第十章

山本五十六大將
魂斷索羅門群島

就算山本五十六命大活到終戰，以他聯合艦隊司令長官的職務，以及偷襲珍珠港主謀的角色，應該也會跟東條英機的下場一樣，因戰爭罪行被判處絞刑。

米內光政（左）與山本五十六，從此圖印證了山本的兒子所言，他的父親身高不高。

按照日本軍方原來的規劃，攻佔索羅門群島圖拉吉及瓜達康納爾作為前進基地之後，將對新喀里多尼亞、斐濟及薩摩亞登陸作戰及佔領，以進一步阻斷美澳之間的航線，減少來自澳洲的威脅，使之無力影響日本在南太平洋的地位，稱之為 FS 作戰計劃。但日軍在一九四二年六月中途島海戰大敗，再加上瓜島鏖戰六個月失利，日本海陸空實力嚴重損耗，已無力執行 FS 作戰計劃。

一九四三年二月初，日軍殘部撤出瓜島，退守索羅門群島中部的新喬治亞群島，在各島建立機場、港口及防衛據點。此時新幾內亞及索羅門群島的戰事已連成一氣。

一九四三年二月下旬，拉包爾的日軍西太平洋指揮部研判，瓜島戰役後盟軍將會進攻新幾內亞東北部的萊城（Lae），於是計劃將陸軍第五十一師團自拉包爾運往萊城以加強防務。美澳盟軍獲悉日軍這項情報，所以事前已有所準備。

日軍由木村昌福少將率領的第三水雷戰隊納編第八艦隊，運輸船團八艘，在八艘驅逐艦護航下於二月二十八日啟程[1]，執行八十一號作戰，卻在次日三月一日被澳洲偵察機發現，

1 編註：運輸船團組成分別是陸軍運輸船大井川丸、太明丸、建武丸、帝洋丸、愛洋丸、神愛丸、旭盛丸等七艘，及海軍運輸艦野島號。驅逐艦分別是白雪、浦波、敷波、朝潮、荒潮、朝雲、時津風及雪風。

但由於天候惡劣而未發動航空攻擊。接著兩天，美軍B－17、B－25轟炸機；澳軍博福特魚雷轟炸機（Beaufort），以及美澳聯合操作的A－20轟炸機，輪番攻擊跨越俾斯麥海（Bismarck Sea）的日本船團，稱之為俾斯麥海戰。結果日軍八艘運兵船及四艘驅逐艦被擊沉，二十架戰鬥機被擊落，約四千名士兵死亡；盟軍僅損失兩架轟炸機及三架戰鬥機。日軍再一次慘遭滑鐵盧。

日軍連續在瓜達康納爾及新幾內亞的布納－戈納（Buna-Gona）、瓦烏（Wau）及俾斯麥海等戰役挫敗，令日軍極為苦惱，亟思對策以阻止盟軍攻勢並提振日軍士氣。結果他們擬訂了「伊號作戰」（い号作戦）的作戰計劃，集中日本海陸軍航空兵力，攻擊位於索羅門群島及新幾內亞的盟軍艦隻、飛機及陸上設施等，以阻止盟軍的攻勢並為日軍爭取時間恢復元氣。

日本三百五十架戰機集結在拉包爾、布干維爾、短土島，目標為瓜達康納爾及西邊緊鄰的拉瑟島（Russell Islands）、新幾內亞的摩斯比港、歐羅灣（Oro Bay），及米爾內灣（Milne Bay）。自四月一日起十餘日，日機對上述目標輪番發動攻擊，盟軍共損失了一艘驅逐艦、一艘油輪、兩艘運輸艦、一艘護衛艦及二十五架飛機，而日軍付出的代價是五十五架戰機被擊落。

長期進駐密克羅尼西亞的聯合艦隊司令山本五十六，於四月三日離開特魯克錨地前往拉包爾親自督導「伊號作戰」。日軍根據飛行員誇大的戰果報告認為「伊號作戰」已達預期成效，山本於四月十六日叫停作戰，並安排十八日前往索羅門群島前線瞭解實際戰果。他的參謀認為，從拉包爾至短土群島的巴拉萊機場（Balalae）航程太遠，途中容易遭盟軍戰機攔截而力加勸阻，但山本堅持前往這個前進基地以瞭解真實戰況及鼓舞基層官兵士氣。殊不知日方有關主帥將赴前線視察的詳情，通過電報傳送至各指揮部，卻於四月十四日被美方截收並破解電文密碼。美軍立即就電報內容呈報華府白宮。

羅斯福總統指示海軍部長諾克斯（Frank Knox）著手處理，諾克斯立即轉交予美軍太平洋艦隊總司令尼米茲上將（Chester W. Nimitz）。尼米茲於四月十七日經與南太平洋戰區司令海爾賽上將商討後，即授權進行這項代號「復仇行動」（Operation Vengeance），狙殺偷襲珍珠港事件主謀山本五十六大將的計劃。

美軍規劃參與這項行動的飛機於瓜達康納爾出發，至山本五十六預訂航線布干維爾島直線距離約四百英里（六百四十公里）。可是為了避免日軍偵察與攔截，必須繞行布干維爾島南邊及西邊到預訂攔截點，就需要飛行六百英里。去程六百英里回程四百英里共計約一千英里（一千六百公里），超越了駐瓜島美軍的F4F野貓式及F4U海盜式戰鬥機的最大航程，只有加掛了油箱的陸軍航空隊第三三九戰鬥機中隊P－38G閃電式戰鬥機，足以進行攔截及纏鬥的任務。

——

P－38「閃電」式戰鬥機是二次大戰時期由美國洛克希德公司（Lockheed）生產的一款雙引擎戰鬥機。為了滿足美國陸軍航空隊（USAAF，美國空軍前身）的要求，P－38的兩具發動機分別裝設在機身兩側並連結至雙尾桁，飛行員與武器系統則設置在中央的短機身裡，造型與一般戰鬥機有相當的差別。P－38的用途十分廣泛，可執行多種任務，包括遠程攔截、偵察、對地攻擊、俯衝轟炸及水平轟炸等。《小王子》的作者聖修伯里出事的時候，就是駕駛P－38的偵察型在地中海墜海。除了可以外掛副油箱，這款飛機還有許多特色。P－38時速可以超過四百英里（六百四十公里），大量使用不銹鋼材料，它也是擊落日本飛機最多的美國戰鬥機（一千八百多架），被日軍飛行員稱之為「**雙胴惡魔**」。

美軍指派約翰米契爾少校（John Mitchell）帶領十四架P－38G戰鬥機執行這項任務（原計劃為十八架，後來有四架因技術問題退出），其中的藍菲爾上尉（Thomas Lanphier, Jr.）及巴柏中尉（Rex Barber），及另兩名預備隊員是指定的「狙殺小組」。他們於四月十八日早上七點二十五分，自瓜達康納爾的苦昆機場（Kukum Airfield）[2]出發，以低空方式保持無線電靜默飛往攔截點。

山本五十六及參謀長宇垣纏海軍中將，分乘兩架三菱G4M一式陸攻轟炸機（美軍暱稱「貝蒂」Betty）出發。登機前，負責當地作戰的第三艦隊小澤治三郎中將還苦苦相勸取消行程，可是山本還是不為所動。山本一行兩架一式陸攻由六架零戰護衛，飛行高度六千五百英尺，進行三百一十五英里的航程。只由六架零戰護航當然很單薄，可能是日軍認為沿途都是日軍佔領區所致。

美軍P－38G機隊於上午九點三十四分，抵達布干維爾島南部的預定攔截點，比預訂時

2 註：美軍於一九四三年在韓德森機場附近增建的機場，一九六九年變成九洞高爾夫球場。

間提早一分鐘。此時山本五十六機隊正開始下降而進入美機視界，飛行員立即拋棄副油箱全力向上衝向日機，領機米契爾指示藍菲爾及巴柏開始行動。日機也及時發現美軍機隊，同樣拋棄輔助油箱向下俯衝迎戰。六架零戰忙於與十四架P－38纏鬥交戰，兩架轟炸機行動遲緩像大笨鵝一樣任憑美機宰割。山本五十六搭乘的轟炸機遭受美機不斷射擊，不久即冒煙翻滾，最終墜落在叢林裡。第二架轟炸機不久也遭擊中墜落在附近海面。

山本座機的墜落地點位於布干維爾島南部的布因（Buin）、日軍據點以北的叢林裡，第二天一支日軍小隊找到了山本座機殘骸。山本的遺體位於飛機殘骸之外的一棵樹下，為了向在索羅門群島奮戰的陸軍致敬，山本大將自開啟戰爭以來，第一次穿上日本海軍第三種軍裝（陸戰用服裝），此刻的他仍舊坐在座椅之上，戴著白色手套的雙手杵著他的指揮刀，山本及十一名隨員無一倖存，全數殉難。遺體解剖報告確認山本遭兩顆子彈直接擊中身亡。

至於是誰擊落山本五十六的座機，事件結束後剛開始歸功於狙殺小組的藍菲爾上尉，但後來的證據顯示是另一個殺手，巴柏中尉從轟炸機後方射擊所致，兩人爭論不休。二戰結束後，藍菲爾死於一九八七年，巴柏死於二〇〇一年，兩人至死前仍堅持山本五十六是死於自己之手。

日本稱山本五十六陣亡事件為「海軍甲事件」，日本當局一直拖到一個多月後的一九四三年五月二十一日才公布山本的死訊，朝野為之震驚。對於長期被政府宣傳蒙蔽，慣習於日軍自開戰以來不斷高歌勝利猛進的日本民眾來說，山本之死所造成的精神打擊是難以估計的。日本政府也因此被迫承認美軍的戰爭能力在珍珠港事件之後，已迅速恢復且繼續成長。

山本五十六的遺體在布因火化，骨灰由他最後的旗艦武藏號主力艦運回東京。日本政府於一九四三年六月五日為山本舉行國葬，由山本的好友前首相米內光政海軍大將擔任葬儀委員長。同時，山本被追授元帥軍階及大勳位菊花章，納粹德國也宣布追授山本橡葉雙劍騎士鐵十字勳章，山本是唯一獲得該項榮譽的外國人。山本的部分骨灰葬在東京多摩墓園，剩下的部分則運回家鄉長岡市安葬。

山本五十六曾經留學美國哈佛大學及擔任日本駐美國大使館海軍武官，所以是知美、親

美派，這在太平洋戰爭爆發前的日本政壇與軍方是屬於少數派。他樹立了不少政敵，有些立場激進的年輕軍官甚至曾意圖暗殺山本。

德日義三國同盟條約於一九四〇年九月二十七日由納粹德國、日本帝國及義大利王國在德國柏林簽署，正式成立以柏林—羅馬—東京為核心的軍事集團。此時的日本已侵略中國三年餘，未來與美國開戰已經是勢在必行。不久之後的十月十八日，軍國主義代表人物東條英機內定出任首相，十二月十五日山本晉升為海軍大將，輿論一般認為山本一定會被立場迥然不同的東條架空，去擔任一個頭銜響亮但無實權的職位。結果山本被留在聯合艦隊司令的職位上，由於內閣被東條支持者所把持，陸軍將海軍引入一場山本一直反對的戰爭已經無法避免。

山本接受了戰爭將近的事實，制定了攻擊珍珠港，殲滅美國太平洋艦隊，並同時奪取東南亞的石油及橡膠產地的計劃。對東南亞的進攻重點是荷屬東印度、婆羅洲和馬來亞。

夏威夷時間的一九四一年十二月七日上午，山本五十六的龐大艦隊包括六艘航艦及三百九十架飛機對珍珠港發動了攻擊。五艘美國主力艦被擊沉，三艘損傷，另有十一艘巡洋艦、驅逐艦和其他艦艇被擊沉或重創。日軍僅損失二十九架飛機，另有一百一十一架飛機受損。

偷襲珍珠港可說是日本的重大軍事勝利，但是日軍並未攻擊美軍的油庫及船塢等設施，而且山本最在意的美國航空母艦居然都不在港內而逃過一劫。最重要的是，這項軍事行動最後是以偷襲得手，導致美國人民的士氣及反日情緒空前高漲，一心復仇。

山本五十六在索羅門群島遭美國戰機攔截，關鍵是美國早已破解日軍密碼，所以才有正確的情報進行攔截狙殺。在偷襲珍珠港之後，山本最大的挫敗是中途島海戰。此役日軍損失了四艘航空母艦及兩百四十八架戰機，也可以說美軍在事前截獲並破解日軍密碼居功厥偉。所以說，山本五十六是敗在美軍傑出的密碼偵蒐及破解能力也不為過。

如果山本五十六在拉包爾接受屬下的勸告，取消或延後前往索羅門群島前線之行，他應該可以逃過這一死劫。但是美軍狙殺日軍主帥的行動不會停止。就算山本命大活到終戰，以他聯合艦隊司令長官的職務，以及偷襲珍珠港主謀的角色，應該也會跟東條英機的下場一樣，因戰爭罪行被判處絞刑。山本五十六於太平洋戰爭最高峰時在索羅門群島上空被美軍機擊落，軍人戰死沙場，應該是他軍旅生涯的完美句點。

美軍 P-38 戰鬥機群攻山本座機的繪圖。（US Navy）

山本五十六人生最後一張照片，是在拉包爾拍攝的。

照片中間沿海公路盡頭左側的高爾夫球場，就是 P-38 機隊當年所駐的苦昆機場，其右上方是今日的韓德森機場。（作者攝）

存放在吳港的山本五十六墨寶，「皇國興廢繫在此征戰，粉骨碎身各員完其任」，這是他在攻擊珍珠港當天，於旗艦長門艦所寫的。（編輯部）

第十一章

PT－109 的英雄，
甘迺迪成為明日巨星的一撞

每當有人問甘迺迪如何成為戰爭英雄時，他回答：「很簡單，他們把我的船撞成兩半。」

甘迺迪入主白宮之後，在研究著他當年指揮的 PT-109 魚雷艇的大比例模型。

第二次世界大戰期間，美軍在索羅門群島戰役產生了許多英雄，其中最出名的無疑是後來成為美國第三十五任總統的約翰甘迺迪（John F. Kennedy, JFK）。

一九一七年五月二十九日，甘迺迪出生於麻塞諸塞州大波斯頓布魯克萊恩（Brookline）的一個富裕政治世家。他的外祖父約翰．費茲傑羅（John F. Fitzgerald）曾擔任波斯頓市長及美國國會議員。其父約瑟夫．派屈克．「喬」．甘迺迪（Joseph Patrick "Joe" Kennedy, Sr.）曾先後擔任美國證券交易委員會主席（一九三四年至一九三五年），及美國駐英國大使（一九三八年至一九四〇年）。

約翰甘迺迪有一個長兄小約瑟夫．P．甘迺迪（Joseph），五個妹妹及兩個弟弟，勞勃．「博比」．甘迺迪（Robert "Bobby" Kennedy）及愛德華．甘迺迪（Edward "Ted"）。一九二七年當約翰十三歲時全家遷移至紐約。

甘迺迪的大學求學過程並不順利，因為他飽受背痛及腸胃疾病所苦，數度中斷學業在醫院或療養院醫治休養。一九三六年，甘迺迪十九歲時進入哈佛大學就讀，熱衷美式足球、高爾夫球、帆船及游泳等體育活動，改善了他多病的體質。他最有興趣的課程是國際政治，所以每年他都利用假期前往歐洲及中東各國旅遊，甚至包括蘇聯與巴爾幹半島，擴大了他的國際視野。一九四〇年，甘迺迪以英國與納粹德國的談判為題完成他的論文《慕尼黑綏靖》（*Appeasement in Munich*），之後他以優等成績（cum laude）自哈佛大學畢業。

大學畢業後，他報名參加陸軍的軍官訓練班，但因為下背部疼痛的舊疾而無法通過。一九四一年九月，他在父親運用影響力的協助下才得以加入海軍，十月他被派往華府的海軍情報處任職。一九四二年七月，接受為期兩個月的海軍軍官訓練後繼續在羅德島的魚雷艇訓練，十月晉升少尉。十二月，他成為魚雷艇ＰＴ－101的艇長，但還是在美國本土進行訓練任務，後來被調至巴拿馬運河擔任巡邏任務。約翰甘迺迪動用家庭友人，參議院海軍委員會主席大衛·華西（David Walsh）的關係，把他改調至索羅門群島。這違反老甘迺迪的心願，希望兒子在比較安全的地區服勤，但是也顯示約翰過人的勇氣與決心。

一九四三年四月，甘迺迪搭乘運兵艦羅尚博號（USS *Rochambeau*, AP-63）前往索羅門群島，途中這艘船遭受日機攻擊，艦長及數名水兵陣亡，這是約翰第一次嘗到戰爭的滋味。

甘迺迪於四月十四日抵達索羅門群島的圖拉吉之後，被分配指揮編號ＰＴ－109的魚雷艇。五月三十日，ＰＴ－109及數艘魚雷艇轉進拉瑟島（Russell Island），準備進擊日軍佔領的新喬治亞。六月十六日在美軍佔領新喬治亞南部的倫多華島（Rendova Island）之後，甘迺迪的部隊隨之進駐這個髒亂且充滿瘧疾登革熱等熱帶疾病的島嶼。後來甘迺迪於調返美國之後仍飽受瘧疾、結腸炎及背痛之苦，他認為是在這個島嶼所引起的。

甘迺迪的魚雷艇中隊駐在倫多華島北端的半島，扼守新喬治亞的主要航道，其任務是攔截阻止日軍驅逐艦進行「東京快車」行動，如此新喬治亞的日軍就沒法接受正常的運補。八月一日，十八架日本轟炸機對美軍魚雷艇中隊進行轟炸，ＰＴ－117及ＰＴ－164遭擊沉。

此前，美國海軍已截獲日軍情報，有五艘日軍驅逐艦將於八月一日當晚從布干維爾島出發，經柯隆邦加拉島（Kolombangara Island）至新喬治亞對日軍部隊運補。八月一日白天，日機轟炸倫多華島更使美海軍深信不疑這項情報的可靠性，遂指示倫多華的魚雷艇中隊對日軍驅逐艦的「東京快車」進行攔截。

魚雷艇中隊指揮官湯姆斯．沃費德（Thomas Warfield）於八月一日傍晚召集所有艇長作任務提示，下午六點三十分總共十五艘魚雷艇傾巢而出，分成四隊，大致四艘一隊。ＰＴ－

109跟其他三艘魚雷艇屬於B隊，被分到最北邊的位置，約在柯隆邦加拉島西側的六英里處。所有的魚雷艇於晚間八點三十分抵達指定位置。日本數艘驅逐艦果如情報所言準時出現，並由北往南航行，美軍十五艘魚雷艇陸續發射六十枚Mk 8型魚雷，但是居然沒有一枚擊中目標。這可能跟當時沒有月光視線不佳、缺乏實戰經驗及魚雷可靠度尚待改進等有關。

B隊魚雷艇發射完魚雷之後，領頭的PT－159即航向基佐（Gizo，今索國西省省會），可能是遵守無線電靜默之緣故，所以未以無線電通知PT－109及另外兩艘魚雷艇。

八月二日半夜兩點，PT－109及PT－162、PT－169皆收到指揮官沃費德的無線電指示，要求他們在附近水域繼續巡邏。正當他們在科隆邦加拉島西側海域慢速巡邏時，日軍驅逐艦已在柯隆邦加拉島南部的維拉（Vila）卸載完畢九百零二名士兵及裝備。其中天霧號驅逐艦駛離維拉沿柯島西岸高速往北航行，希望在天亮之前返回拉包爾基地，以避免在白天被美軍仙人掌航空隊發現而遭受攻擊。

半夜兩點二十七分，天霧號航行至大約柯島西岸與基佐中間點，突然發現一艘美軍小型艦艇正在她的航線前緩慢航行，艦長花見弘平下令直接衝撞。因為夜色漆黑，甘迺迪及艇上官兵到相當近的距離，才發現一艘日本驅逐艦向他們直衝而來。甘迺迪下令PT－109轉舵，以便向天霧號發射魚雷，同時他也要副長發射三七公厘機砲。但是這些行動都已經來不及了，天霧號以極快的速度將ＰＴ－109撞成兩截，並發生嚴重的爆炸，巨大的火球高達三十公尺，漂浮著燃料的海面也成為一片火海。

甘迺迪的僚艇ＰＴ－169對天霧號發射兩枚魚雷但沒有擊中，ＰＴ－162則因故障而未能發射魚雷。他們可能是看到ＰＴ－109被日本驅逐艦撞成兩截又發生嚴重的爆炸，而判斷應該無人生還，於是沒有搜救直接離開現場返回倫多華島基地。

撞擊時ＰＴ－109兩名水兵當場死亡，另兩人重傷，其中一名全身燒傷達百分之七十。爆炸後魚雷艇艇艄並未立即沉沒，四周散布著各種船上的雜物。混亂之中，甘迺迪協助兩名傷兵，並召集其餘的生還者，十一人攀附著艇艄隨波向南緩慢漂流。

八月二日下午一點，他們漂流了十一個鐘頭之後發現艇身逐漸下沉，經過討論決定要放棄艇身。離他們最近的是東邊的柯隆邦加拉島，但是島上布滿了日軍，貿然登陸必定遭俘虜或殺害。他們選擇了目視可及離艇艄西南方向的梅子布丁島（Plum Pudding Island，當地稱Kasolo Island）。艇員們把燈及鞋子等一類有用的東西放在一根原本是砲架的浮木上，然後大家扶著浮木踢水往梅子布丁島前進。曾經是哈佛游泳校隊的甘迺迪，則把燒傷的水手固定在救生衣上，他用牙齒咬緊一條繫帶拖著水手游泳前行。甘迺迪等人總共花了四小時游了五．六公里的距離，才抵達梅子布丁島。

梅子布丁島直徑僅九十公尺，充其量只是個沙洲，上面沒有飲水及食物，且無隱蔽之處，待下去只能等死。筋疲力盡的甘迺迪上岸休息一會之後，明白該處不能久留，於是又獨自游往三．二公里外的水道，期待美軍魚雷艇經過時會發現他們。他在海中漂浮了幾個鐘頭，但是沒看到有任何美軍船隻，於是無功而返。

八月四日，飢腸轆轆的甘迺迪等人下定決心離開梅子布丁島，他們再度下水游向南方距離六公里的歐拉沙那島（Olasana Island）。途中海流極為強勁，甘迺迪繼續拖著嚴重燒傷的戰友奮力前行。經過幾小時的奮鬥終於登陸，他們很高興島上有吃不完的椰子，但還是找不到食物。

次日，甘迺迪與一名戰友一起游到八百公尺開外的娜魯島（Naru Island），發現一艘日軍遺留的獨木舟，上面有一些餅乾糖果及飲水。他們把獨木舟划回歐拉沙那島，與數日未進食的戰友們分享他們的發現。

甘迺迪回到歐拉沙那島不久，來了兩位當地土著卡薩（Biuku Gasa）及庫馬納（Eroni Kumana）。原來他們是藏匿在柯隆邦加拉島山上的澳洲海岸觀察員，他們的指揮官伊文（A. R. Evans）數天前觀察到ＰＴ－109魚雷艇爆炸後，派了他的斥候前來。伊文在看到ＰＴ－109的巨大爆炸後即以無線電報告總部。倫多華魚雷艇中隊輾轉接獲訊息後，還曾為ＰＴ－109全員舉行追悼儀式。

甘迺迪用刀子在椰子殼上面刻了一些簡單求救訊息，副長湯（Leonard Jay Thom）則用鉛筆寫了較具體的內容，然後交給這兩位勇敢的斥候。八月六日，卡薩及庫馬納兩人離開歐拉沙那島，划向東方十九公里遠的瓦納瓦納島（Wana Wana Island），將有關訊息告訴島上的一位資深斥候柯武（Benjamin Kevu），柯武立即派斥候前往柯島轉告海岸觀察員伊文。卡薩及庫馬納則在休息片刻後，加入一名新的斥候划著柯武給他們的一艘新獨木舟離開。三人利用夜色掩護總共奮力划了超過六十公里，十五小時之後他們終於抵達倫多華島的美軍哨站。他們轉搭乘美軍的小艇抵達魚雷艇基地。

魚雷艇中隊指揮官沃費德於八月七日收到卡薩及庫馬納兩人送來的訊息，起初還懷疑其真實性，後來接到伊文的無線電，才確定甘迺迪等人死而復生。他指派甘迺迪的好友利貝諾中尉（William Liebenow）率PT－157及PT－171兩艘魚雷艇前往援救。他們於八月七日晚上七點出發，卡薩及庫馬納等三人隨行。因為顧慮日軍攻擊，所以一路採取之航北上。他們先到伊文在柯島的秘密據點與他會合，之後就航向歐拉沙那島。第二天早上他們終於救起疲累又飢餓的PT－109所有倖存成員，並送回倫多華島基地。

前往援救甘迺迪等人的PT－157魚雷艇上有幾名記者隨行，他們立即將PT－109的故事傳回美國，隔天《紐約時報》以「甘迺迪的兒子是英雄 日本驅逐艦把他的魚雷艇撞成兩半」為題搶先報導，其他媒體對這個故事也大量轉載報導。所有報導都把十一人的獲救歸功於艇長甘迺迪的英勇行為，並稱他為英雄，他立刻成為美國最知名的戰爭英雄。甘迺迪及他的兩位副手湯及羅斯少尉（Barney Ross）都獲得「海軍暨陸戰隊勳章」，他本人也因為受傷獲得「紫心勳章」。一陣熱鬧過去，甘迺迪休養了一個月後，改派PT－59指揮官，湯也晉升為PT－587的艇長。

約翰接管之後，ＰＴ－59拆除了魚雷管及深水炸彈投放軌，改裝了兩門四〇公厘高射砲及十挺不同口徑的機槍，使她成為一艘砲艇，有如海上刺蝟。ＰＴ－59的任務是配合其他魚雷艇出任務，以便使用不同的武器交互支援。一九四三年十月，甘迺迪晉升海軍中尉，ＰＴ－59在他的指揮下成功地完成過很多次任務，也營救過數十名陸戰隊員。

但是ＰＴ－109事件讓約翰的舊疾下背傷痛及腸胃炎更加嚴重，他遵照醫師的囑咐於一九四四年一月回到美國治療。一九四五年三月一日，甘迺迪自海軍退役。每當有人問他如何成為戰爭英雄時，他回答：「很簡單，他們把我的船撞成兩半。」

退役後的甘迺迪做過兩年的記者，好讓他的名字繼續出現在美國媒體上。父親原來是要培養長兄約瑟夫成為美國未來的總統，但哥哥於一九四四年八月在歐洲戰場陣亡，所以老甘迺迪的這個心願就只能指望約翰了。

約翰不僅是二戰英雄，英俊帥氣的他又是哈佛名校畢業，再加上良好富裕的家庭背景，使他後來的政治生涯平步青雲一飛衝天。一九四七年，約翰甘迺迪當選國會眾議員，一九五三年當選參議員。

一九六一年，甘迺迪代表民主黨擊敗共和黨的尼克森，當選美國第三十五任總統。他是美國自由派代表，也是美國第二個最年輕的總統。是他領導美國度過古巴飛彈危機，引領美國的阿波羅登月計劃，讓美國獲得了與蘇聯在太空競賽中的優勢，深受美國人民的敬重與喜愛，成為僅次於華盛頓的最優秀總統。但如日中天的甘迺迪，很不幸地於一九六三年十一月二十二日在德州達拉斯遭人刺殺，享年僅四十六歲。

天霧號與花見弘平

甘迺迪在當選眾議員之後，設法查詢當年撞沉PT-109的天霧號艦長下落。當時天霧號艦長花見弘平少佐回到拉包爾之後，該艦對因撞擊而造成的創傷進行修復，之後天霧號還繼續在西太平洋執行任務。一九四三年十二月，日軍在索羅門群島節節敗退，於是「東京快車」行動終止。

一九四四年三月，花見弘平因健康因素卸下天霧號艦長職務返回日本，在商船學校及橫須賀海軍水雷學校擔任教官。一個多月之後的四月二十三日，天霧號於婆羅洲東北的旺加錫海峽（Makassar Strait）觸雷沉沒。花見弘平命大，逃過一劫。

終戰後，花見回到福島縣鹽川町耕田度日。一九五一年，花見被通知美國眾議員約翰甘迺迪尋找他的下落，並接獲甘迺迪來信致意。他在外務省協助之下，以英文寫了一封文情並茂的回信，對當年撞擊事件感到遺憾，對甘迺迪的勇氣表示敬佩，同時恭喜甘迺迪逃過致命危險，並祝福甘迺迪參選成功。

一九五五年，花見弘平當選鹽川町町長。五年後甘迺迪競選總統，花見找了當年天霧號軍醫長、主計長、看護長等老戰友聯名致函甘迺迪，預祝他競選順利。一九六六年，花見町長未獲連任，改任土地改良區的理事長。一九八〇年，赴美曾去阿靈頓國家墓園向甘迺迪墓致敬。後於一九九四年因癌症去世。

二〇一三年，歐巴馬總統任命甘迺迪的女兒，卡洛琳甘迺迪（Caroline Kennedy）為駐日大使。她於二〇一五年四月在大使館接見花見弘平的遺孀，讓甘迺迪及花見弘平因戰爭而結下的友誼能夠賡續。卡洛琳擔任駐日大使三年餘（二〇一三年十一月至二〇一七年一月），備受日本政府及人民喜愛，對促進兩國關係貢獻重大。二〇二一年四月，日本新任首相菅義偉訪問美國與拜登總統會面，成為拜登上任後首位會見的外國元首。卡洛琳也邀請菅義偉共進早餐敘舊，顯示她與日本政治人物間的深厚情誼。

這一段不尋常的過程，可以說是二戰結束後，美、日之間化敵為友的溫馨故事。

卡薩及庫馬納

甘迺迪於一九六〇年競選總統大選獲勝，並於一九六一年一月二十日舉行就職典禮，他邀請了救命恩人卡薩及庫馬納到美國參加這項光榮盛典。畢竟，沒有這兩位索羅門群島土著冒著生命危險的施救，可能就沒有未來的美國總統——約翰甘迺迪。

但是當這兩位英雄抵達索羅門群島首府荷尼阿拉時，被英國殖民當局遣回原地，殖民當局可能認為他們不懂英語且服裝原始，不適合參加這種莊嚴盛大的場合。

兩人於是回到新喬治亞各自的老家，過著務農及捕魚的簡單生活，但是他們拯救甘迺迪的事蹟早已使他們成為索羅門群島家喻戶曉的英雄，美國的《國家地理雜誌》及《時代雜誌》等重要媒體，曾數度去採訪他們。甘迺迪家族也保持跟他們聯繫，且曾經幫兩人建屋並提供零用金供他們度日。卡薩於二〇〇五年去世，得年八十二歲；庫馬納於二〇一四年去世，得年九十六歲。

柯隆邦加拉島

PT－109 遭天霧號撞沉的地點，是在新喬治亞柯隆邦加拉島的西側海域。柯島是一個圓形的火山島，直徑約三十公里，面積六百八十七平方公里，全島最高點一千七百七十公尺，居民約一萬人。

柯島覆蓋著肥沃的火山土，但是地形陡峭，適合樹木生長。全島海拔六百公尺以下的土地大部分屬於柯隆邦加拉森林產品公司（Kolombangara Forest Product Limited; KFPL）的林場。數年前台灣一家公司取得 KFPL 的百分之五十股權，在島上種植原木，採集後銷至廣東，加工製造木窗及窗簾後再外銷至美國市場。KFPL 雇用一千五百名工人，是當地最大的雇主。

台灣知名生物學家清大教授李家維博士，曾於二〇一二年至二〇一七年多次率團隊至柯隆邦加拉這個物種豐富的島嶼探勘及採集當地特有的植物。

索羅門群島於一九七八年脫離英國統治獨立後，柯隆邦加拉島與其西鄰的基佐合併成為一個國會選區。二〇一一年柯隆邦加拉島選出的國會議員里諾（Gordon Darcy Lilo）當選索羅門群島總理，任期至二〇一四年底。二〇一五年，里諾以些微票數把國會議席輸給姪子塔南噶達（Jimson Fiau Tanangada）。塔南噶達二〇一一年曾擔任里諾的競選總幹事。里諾立即提出選舉訴訟，指控塔南噶達賄選。塔南噶達選後擔任婦女暨兒童部長，直至二〇一八年五月法院判決里諾勝訴，但是任期僅剩七個月。索國政府決定為這個選區舉行補選，結果里諾再度敗選，輸給塔南噶達的妻子拉內麗（Lanelle Tanangada）。二〇一九年索國舉行國會大選，前總理里諾再度挑戰失敗，無緣贏回自己輸給拉內麗的選區。

因作戰英勇而獲得勳章的甘迺迪中尉。（JFK Library）

甘迺迪當選總統後，把當年他所刻字的椰子殼帶進白宮當作紙鎮（辦公桌右前方），以誌不忘。（JFK Library）

成功轉達 PT－109 官兵還存活消息的資深斥候柯武，戰後獲邀與甘迺迪總統在白宮會面。（JFK Library）

美國駐日本大使卡洛琳·甘迺迪，會見花見弘平的遺眷（U.S. Embassy Japan）

花見家族保存的甘迺迪總統親筆信及簽名照。（U.S. Embassy Japan）

第十二章

空戰王牌的聚集地，
波因頓領導下的黑羊中隊

他們在歡迎新任中隊長波因頓少校抵任後，經過討論把中隊的隊名取為「波因頓的混蛋」遭到否決，但大隊長幫他們改為意思相近的黑羊。黑羊中隊於焉誕生。

美軍陸戰隊最著名的空戰王牌——格瑞葛利・波因頓（USMC）

格瑞葛利．波因頓（Gregory Boyington）是二戰期間，美國海軍的傳奇飛行員。一九一二年出生在美國愛達荷州，後來舉家遷至華盛頓州。六歲時第一次搭乘飛機，當時的駕駛潘伯恩（Clyde Pangborn）後來成為第一位橫渡太平洋的飛行員，這次經歷對波因頓的飛行夢可以說是很重要的啟蒙事件。

一九三〇年波因頓進入西雅圖的華盛頓大學修讀航空工程。在校期間他加入大學儲備軍官訓練團（ROTC），一九三四年獲得航空工程學位。畢業後與海倫．克拉克（Hellen Clark）結婚，並進入波音公司擔任繪圖員及工程師。一九三五年，波因頓先後加入美國陸軍航空隊以及海軍陸戰隊航空隊，歷經多項飛行職務。

一九四一年，波因頓辭去軍職轉而加入民間的中央飛機製造公司（CAMCO）。該公司有一特殊飛行單位，其任務是協助防衛中國與緬甸抵抗日本的侵略，後來就成為美國志願團，也就是著名的飛虎航空隊。他在飛虎航空隊表現出色，有擊落日機三．五架的紀錄（他自認有六架）。但他與飛虎隊領導人陳納德將軍相處不睦，經常口角，因而於一九四二年四月離開飛虎隊返回美國重新加入海軍陸戰隊，先後在不同的單位服勤，但都沒有戰功。

一九四三年九月，波因頓少校被指派為新成立的陸戰隊第二一四戰鬥機中隊（Marine

Fighter Squadron 214, VMF-214）指揮官。當時這個中隊派駐在索羅門群島新喬治亞，剛從日軍手中奪取的門達機場（Munda）。中隊的二十七名飛行員來自不同的單位，且多半有行為不良的紀錄，他們在歡迎新任中隊長波因頓少校抵任後，經過討論把中隊的隊名取為「波因頓的混蛋」（Boyington's Bastards）。這個不雅的隊名呈報給大隊長遭到否決，但大隊長幫他們改為意思相近的黑羊（Black Sheep），黑羊中隊（Black Sheep Squadron）於焉誕生。

波因頓當時已三十一歲，而黑羊中隊的成員多半只是二十啷噹歲的小夥子，相差達十歲，於是戲稱波因頓為祖父（Gramps），後來覺得太離譜才改稱為老爹（Pappy）。

黑羊中隊使用Ｆ４Ｕ海盜式戰鬥機（Corsair），一九四〇年原型機出廠，原本是設計作為海軍的航空母艦艦載機，但因為有降落的問題，才變成美國海軍陸基戰鬥機的主力機種，一九四三年起量產交予部隊使用。先在索羅門群島亮相，後來陸續在南太平洋島嶼、菲律賓及沖繩等戰場嶄露頭角。

大戰結束後據海軍統計，F4U戰鬥機的擊落比率為十一比一，即每擊落十一架敵機本身才有一架F4U被擊落，擁有傲人的戰績，所以也讓部分日本飛行員認為海盜式是二戰中美軍最強悍的戰機。F4U戰鬥機至一九五三年最後一架量產機交給法國空軍，成為美國活塞發動機戰機生產史中量產最久的紀錄保持者，總共生產了一萬兩千五百七十一架。

波因頓領導的黑羊中隊在索羅門群島戰役期間作戰八十四天，活動範圍除新喬治亞以外，還遠達日軍盤據的布干維爾島、新不列顛群島（New Britain Island）及日軍西南太平洋總部拉包爾等地。隨著戰事的進展，黑羊中隊也曾進駐新喬治亞最西北邊的維拉拉維拉島機場（Vella Lavella）。黑羊中隊在此期間總共擊落或摧毀兩百零三架日機，以及為數眾多的敵方軍事設施及船艦。此外，該中隊還出了九個空戰王牌，擁有九十七次確認的空中擊毀的傲人成績。波因頓飛行技術嫻熟，操縱F4U海盜式座機自如，個人曾經創下在三十二天內擊落十四架敵機的輝煌紀錄。一九四三年十二月底，他擊落敵機的數目已高達二十五架。

黑羊中隊卓越的表現獲得了「總統集體嘉獎」，成為美國家喻戶曉的英雄部隊。美國棒球大聯盟主動承諾黑羊中隊每擊落一架零式戰鬥機，大聯盟就致贈一頂棒球帽。後來黑羊中隊總共得到二十頂大聯盟的棒球帽。

一九四四年一月三日，波因頓在一次攻擊日軍大本營拉包爾的任務中再次擊落一架日機，使得他的紀錄達到二十六架，與一次大戰美國空戰英雄艾迪·雷肯拜克（Eddie Rickenbacker）的最高紀錄打平。但他隨即與另一架零戰陷入纏鬥，最終被擊落。他幸運地跳傘逃生，降落在新幾內亞的新愛爾蘭島南邊的新喬治亞角附近，不久一艘潛艇把他救起，很不幸地那艘潛艇是屬於日軍（這艘日軍潛艇十三天後遭美軍擊沉）。波因頓先被送到拉包爾，後來又送到特魯克，最後被送至日本東京附近的大森戰俘營。波因頓被擊落後，美軍把他列為失蹤（MIA），後來在被俘期間他因先前的戰功獲晉升為中校。

一九四四年一月八日，黑羊中隊在隊長波因頓被擊落後五天解編，調回美國本土。

一九四五年八月六日及九日，美國先後在廣島、長崎投擲原子彈，促成日本投降及第二次世界大戰的結束。八月二十九日被囚禁二十個月的波因頓，與其他戰俘獲得美軍的解放。九月十二日波因頓回到舊金山阿拉米達海軍航空站（NAS Alameda），獲得二十一名黑羊中隊老戰友的熱烈歡迎，當晚還有盛大的晚宴慶祝波因頓歷劫歸來及黑羊中隊重聚。十月一日出版的《生活》雜誌對此有巨幅報導，使當時的美國人對波因頓及黑羊中隊的英雄事蹟更加瞭解。

不久波因頓前往華盛頓，在白宮接受杜魯門總統轉頒前總統羅斯福生前一九四四年三月頒發的榮譽獎章，接著波因頓又獲得海軍十字勳章。一時間似乎地球圍繞著他在打轉。一九四七年八月一日波因頓從陸戰隊退伍，因為他卓越的戰功而擢升為上校。

波因頓一九四一年從中國返美後以疏於照顧子女為由與元配海倫離婚。三名子女中有一兒子名小波因頓（Gregory Boyington, Jr.）長大後就讀美國空軍官校，後來以空軍中校退役。波因頓戰後返美於一九四六、一九五九及一九七八年曾三度再婚。

波因頓退休後經歷幾份民間的工作，甚至包括擔任職業摔角員及裁判。他退休後寫了幾本書，一九五八年出版了以在黑羊中隊作戰經驗為主題的《咩咩黑羊》（*Baa Baa Black Sheep*），隨後又寫了一本以飛虎隊為背景的小說。

一九七六年九月起，美國ＮＢＣ電視公司以波因頓及黑羊中隊的事蹟播出電視連續劇《黑羊中隊》（原稱 *Baa Baa Black Sheep*，後來改為 *Black Sheep Squadron*），由當時著名的男星勞勃．康瑞德（Robert Conrad）飾演波因頓。該影集一直播放至一九七八年四月，台灣電視台也有播放這部影集。但是黑羊中隊一些成員抱怨該影集有太多誇張扭曲、偏離事實。

一九八八年一月十一日波因頓在加州因癌症逝世，享年七十五歲。十五日，波因頓安葬於阿靈頓國家墓園，陸戰隊後備役飛行員以F－4幽靈II式戰鬥機編隊飛行致敬，為這位美國英雄戲劇性的一生畫下句點。

黑羊中隊使用的 F4U 海盜式戰鬥機，外型非常特別。（US Navy）

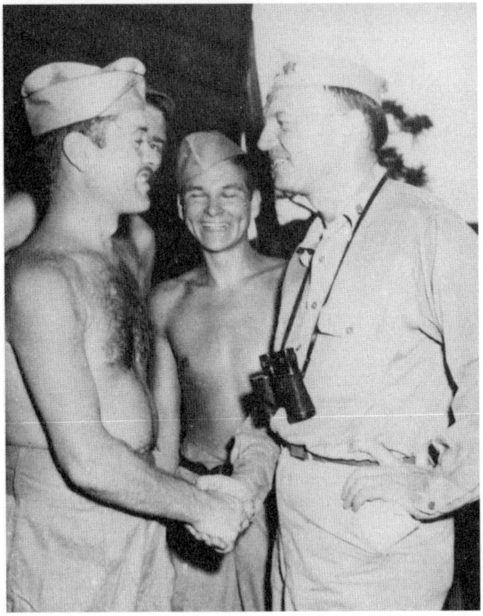

波因頓戰後歷劫歸來，受到官兵們的歡迎。（US Navy）

波因頓退伍後依然活躍，經常拜訪陸戰隊的航空單位，背景可見一架陸戰隊的 F-4 戰鬥機。（USMC）

第十三章

不起眼的關鍵人物，盟軍的海岸觀察員與斥候

「一小群全力投入的人對打贏這場戰爭有不成比例的重大貢獻。」

英國海岸觀察員馬丁·克萊門斯隊長與他的索羅門斥候，立者最右邊即是後來的沃薩爵士。（USMC）

美國海軍陸戰隊在瓜達康納爾擊敗日本數次攻勢，贏得盟軍在太平洋戰爭的第一場陸上勝利，以及其後的索羅門群島戰役，大大地鼓舞美國及盟國的士氣。但這功勞並非獨屬於美軍。英國籍、澳洲籍及紐西蘭籍的海岸觀察員（coast watchers）及他們領導的土著斥候（scouts）也是功不可沒。

澳洲在一戰之後就已經有了海岸觀察員組織的雛型，至一九二二年澳洲海軍設立了海岸觀察的單位。一九三九年二戰爆發後，這個海岸觀察單位也擴大到新幾內亞及索羅門群島，成員總共約四百人，以澳洲及英國、紐西蘭軍人為主，還包括太平洋島民及脫逃軸心國控制的盟國俘虜。

散佈在索羅門群島各地的海岸觀察員及索羅門斥候，在情報蒐集、早期警報系統及營救盟軍人員等方面扮演了非常重要且不可或缺的角色。索羅門群島自最西北的布干維爾島向東南延伸至聖克魯斯島長達兩千公里，日軍飛機自布干維爾島以北的拉包爾或布島的機場一起飛，沿途要飛越許多島嶼，躲藏在各島上的海岸觀察員都會向韓德森機場總部報告日軍飛機的型號、數量及方向，瓜島上的仙人掌航空隊戰機也就有充足的時間準備及起飛迎戰。山本五十六及其參謀長宇垣纏，於一九四三年四月十八日自拉包爾基地前往布干維爾島前線視察。他們登上兩架轟炸機時，被藏匿在遠方山上的海岸觀察員以望遠鏡看見，立即呈報位在瓜島韓德森機場的總部。那時負責攔截任務的P－38機隊已起飛，接獲消息的總部鑑於無線電靜默並未通知機隊，但確認山本一行將照表操課。

在瓜島戰役期間，日軍經常派遣「東京快車」以驅逐艦運送人員及物資至瓜島。日軍驅逐艦趁夜摸黑穿梭在索羅門群島的大小島嶼之間，海岸觀察員觀察到日艦行蹤也都會向上呈報，位在韓德森機場的瓜島盟軍總部就可以掌握區域內的日本軍艦動向。散布在索羅門群島的海岸觀察員及斥候，也經常營救起被擊落的美機飛行員及落水的水兵等。第一陸戰師范德格里夫特師長曾經讚揚海岸觀察員稱：「一小群全力投入的人們，對打贏這場戰爭有不成比例的重大貢獻。」

海岸觀察員及斥候其實是相當危險的工作，因為日軍在佔領區也有自己的耳目。日軍根據所獲得的情報或是攔截到無線電波，會去追捕藏匿的海岸觀察員，所以海岸觀察員總是在逃跑及躲藏中過日子。索羅門群島的海岸觀察員在當地斥候的協助下，總可順利脫逃，躲在濃密的叢林或山區。但是在太平洋其他島嶼的海岸觀察員可沒這麼幸運，他們所處的珊瑚礁島通常沒有叢林也沒有高山可供藏匿。一九四二年十月十五日，在吉爾伯特群島，也就是現今的吉里巴斯，十七名紐西蘭籍海岸觀察員及五名歐洲人遭日軍逮捕，其結果是全部處斬。

——

雅各．沃薩（Jacob C. Vouza）是瓜島戰役期間最具傳奇性的斥候。他一八九二年生於瓜島北部的一個村落，一九一六年起擔任英國索羅門保護地的警察，直至一九四一年任職滿二十五年後，以警長之階退休。一九四二年五月，日軍佔領瓜達康納爾之後，沃薩就回到英軍系統並志願擔任斥候，受英國籍海岸觀察員馬丁．克萊門斯（Martin Clemens）的指揮。八月七日，美軍登陸瓜島當天，他就在村落附近救起了一名來自美軍胡蜂號航空母艦的墜機飛行員，並把他送到剛登陸的美軍灘頭。這是他第一次遇到美國人，但就與他們建立了良好的關係。

日軍反攻瓜島的第一批部隊——一木支隊，於八月十九日清晨在韓德森機場以東的太午角登陸。次日，沃薩前去太午角偵察時遭日軍發現而被俘虜，因為他身上的土著衣物縫有小型美國國旗，因此遭綑綁在椰子樹刑求審訊數小時，但是他堅決不說話，日軍用刺刀戳入他的臉、肩膀及胃部，然後離去任其流血死亡。沃薩用牙齒鬆脫繩索，然後忍著傷痛穿越叢林走捷徑前往美軍防線。他抵達美軍防禦圈之後，轉達日軍即將進攻的訊息，然後才接受醫官的療傷。陸戰隊立即進行防禦的準備，雖然只比日軍來襲早十分鐘，但這珍貴的十分鐘使得美軍得以嚴陣以待，一木支隊的進攻因此慘敗。沃薩可以說是鱷魚溪之役（或稱泰那魯之役）的最大功臣。

在醫院躺了十二天之後，沃薩成為第一陸戰師的首席斥候，他獲得師長范德格里夫特少將頒發美軍第三高階的銀星勳章（Silver Star）。十一月間，他帶領第二突襲營前往日軍防線後方，建立了不少戰功，為此他又獲頒功績勳章（Legion of Merit），並獲晉升為海軍陸戰隊榮譽士官長。戰後英國政府也先後於一九五七年頒發 MBE 勳章，一九七九年 KBE 勳章，授予爵士的頭銜，尊稱為沃薩爵士（Sir Vouza）。二次大戰結束後的一九五二年至一九五八年，沃薩擔任瓜達康納爾議會議長。一九六八年他以第一陸戰師退伍協會榮譽貴賓的身分訪問美國，從此一直穿著第一師的背心直到一九八四年過世，而且還穿著入土。一九八九年，美國軍方在索國警察總部大門旁為沃薩設立銅像及紀念碑，以永久紀念這位索羅門勇士的功績。

另一位著名的海岸觀察員是澳洲籍的亞瑟・雷吉納德・伊文，他就是約翰甘迺迪及其PT－109戰友的救命恩人。一九四三年八月間，他藏匿在日軍佔領的柯隆邦加拉島的山上，觀察到一艘艦艇在柯島西側海面爆炸後立即以無線電報告總部，並且派了兩名土著斥候卡薩及庫馬納前往爆炸地點附近搜尋，甘迺迪等人才因此獲救。

一九六一年一月入主白宮之後，念舊及感恩的甘迺迪隨即於該年五月一日邀請伊文及資深斥候柯武前往華府敘舊並表達感恩之意。畢竟，如果不是伊文，PT－109全艇等人可能無法存活，甘迺迪也可能因此不會當選美國總統，二次大戰後美國歷史如何發展就超乎我們的想像了。

美國與索羅門群島政府於二〇一一年八月七日，為紀念美軍登陸瓜達康納爾七十週年，共同在荷尼阿拉港入口的國協大道（Commonwealth Avenue）豎立一座以「我們國家的驕傲」（Pride of Our Nation）為主題的海岸觀察員及索羅門斥候雕像，以彰顯他們對盟國戰勝日本的貢獻。

坐落在首都，紀念索羅門斥候及海岸觀察員之銅像。（USMC）

陸戰隊員與瓜島的斥候合影，當地人對陸戰隊爾後的作戰行動有許多地利上的情報協助。（USMC）

訓練有素的海岸觀察員，可以利用無線電與盟軍聯絡。

年老的沃薩爵士，他可是當年第一陸戰師的正式編制內人員，顯見陸戰隊對他的重視。（USMC）

第十四章

在戰地
輕鬆賺到第一桶金的美國總統

一個未曾玩過撲克牌的貴格派教徒，在二戰服役期間贏得他的從政資本，從此走上他的政治不歸路。

二戰時期英姿煥發的尼克森中尉。（US Navy）

理察·尼克森（Richard Nixon）是美國第三十七任總統（一九六九年一月二十日至一九七四年八月九日），他於一九一三年一月九日出生在加利福尼亞州約巴林達小鎮（Yorba Linda）的一個貧窮家庭。

中學畢業後他就讀惠提爾學院（Whittier College），並以第一名畢業。後來得到杜克大學（Duke University）法學系全額獎學金，一九三七年以第三名畢業，然後返回故鄉惠提爾在一家法律事務所執業。

一九三八年尼克森參加社區的話劇演出，愛上了女主角派蒂（Thelma "Pat" Ryan），經過苦苦追求兩年，派蒂才點頭共結連理。婚後理察及派蒂覺得不應該長期待在惠提爾這種小地方。日本偷襲珍珠港之後不久的一九四二年一月，尼克森到華府「物價管理署」（Office of Price Administration）上班，初次擔任公務員。但是他覺得這個工作很無趣，四個月後申請加入海軍。然而，他生為貴格教派（Quaker）教徒，加上當時正在政府部門任職，尼克森可以豁免不需要服役。

一九四二年六月，尼克森任官海軍少尉，分配至愛荷華的海軍航空站擔任指揮官的侍從官，處理一些無聊的後勤補給業務。年輕的尼克森尋求的是更多令人感到激奮的工作，於是申請海外部署的職務。一九四三年七月，調派至「南太平洋戰鬥航空運輸指揮部」（South Pacific Combat Air Transport Command, SCAT），這個支援南太平洋戰區後勤的工作，應該符合尼克森尋求刺激又不太危險的需求。

一九四三年十月一日，晉升為中尉，派遣至索羅門群島的維拉拉維拉島、布干維爾島及綠島（Green Island）[1]，擔任前進機場的運輸後勤指揮官，督導美軍C-47運輸機[2]的裝卸及飛行作業。

尼克森在這三個前進基地輪流進駐。美軍於十月中才佔領部分維拉島就搶建一座跑道，島上還有殘餘日軍，隔海僅幾十英里就是日軍佔據的布干維爾島及短土島前進機場，所以維拉美軍機場可以說是天天受到日軍飛機轟炸洗禮。

布干維爾島的戰事從一九四三年十一月美軍開始進攻起，至一九四五年八月日本投降從未間斷。尼克森在島上的遭遇跟在維拉島差不多，每天都要遭到日軍的轟炸。尼克森當上總統之後曾憶及當年在索羅門群島服役的情形：「日軍幾乎天天來轟炸，有一次轟炸過後，我檢視周遭一百碼方圓內有數十個彈坑。」尼克森因為這段經歷後來被授予「海軍暨陸戰隊獎章」（Navy and Marine Corps Commendation Medal）。

尼克森牢記他中學英文老師的教誨，不要對人吼叫，要與人對談，使得他人緣頗佳。在索羅門群島服役期間，還有一項技能得到戰友及當地土著的讚賞，就是他的烤肉技術特佳。每當他在烤肉時，旁邊總是圍著一堆飢腸轆轆、垂涎三尺的人們，使得他成為島上最受歡迎的人物。

尼克森還有一項特殊技能就是擅長打牌。身為一名貴格派教徒，尼克森理應是禁酒、禁賭。但是他被派到北索羅門群島的尼桑島時，因為閒暇時間頗多，而且日軍飛機都定時轟炸，島上的美軍每有空閒總是圍聚打牌小賭一番。尼克森因為天資聰穎，從來沒玩過撲克牌的他觀看幾次牌局之後就手癢難耐親自上陣。他善於察言觀色且精於算牌，所以每賭必贏。一九四四年他離開索羅門群島返回美國時，身上帶著贏來的一萬多美元（約相當於今日之

1 編註：亦稱尼桑島（Nissan Island）是新幾內亞的綠島群島當中面積最大的島嶼。
2 編註：海軍版的型號稱為R4D。

三十萬美元），這為他後來退役踏入政壇第一次參選國會眾議員奠定了財政基礎。尼克森當年的戰友兼牌友對他的牌技嘖嘖稱奇，表示從未看過尼克森輸錢。

一九四四年底，尼克森調返美國本土，先後在幾個海軍後勤單位任職，勤奮且優異的表現再度獲得海軍部長的嘉勉。一九四五年十月三日獲晉升為海軍少校，直至一九四六年轉為海軍後備役。隔年旋即選上家鄉加州第十二選區眾議員，首度步入政壇。

一九五二年美國進行總統大選，共和黨推出二戰歐洲戰區盟軍統帥五星上將艾森豪（Dwight "Ike" Eisenhower）對抗民主黨的史蒂文森（Adlai Ewing Stevenson II）。艾森豪找了當時年僅三十九歲、形象清新，且曾經參加二戰的尼克森作為副手人選。艾克以二戰英雄的形象加上簡單的宣傳標語「我愛艾克」（I Like Ike）為主軸，最終以四四二對八十九選舉人票壓倒性擊敗史蒂文森，成為二十年來第一位共和黨總統。

尼克森當選副總統使得他的政治生涯迅速提高到另一個層次，艾森豪擔任總統四年受到美國人民的歡迎，尼克森擔任副手四年也大致順利。一九五六年，艾森豪與尼克森再度搭檔競選連任，民主黨候選人依舊是一九五二年的對手史蒂文森。大選結果，艾森豪－尼克森搭檔再度以壓倒性的四五七對七十三選舉人票擊敗對手。

一九六〇年艾森豪已經八年任滿，依照一九五一年開始生效的《美國憲法》第二十二修正案規定，總統每屆任期四年，連選連任不得多於兩次。當了八年副總統的理察·尼克森終於熬出頭來，代表共和黨參加一九六〇年總統大選。而民主黨則推出二戰英雄約翰·甘迺迪參議員與尼克森對決。

很巧的是二戰期間，尼克森與甘迺迪都在索羅門群島服役。甘迺迪於一九四三年四月抵達戰火正炙的索羅門群島，八月他所指揮的PT－109魚雷艇就遭到日本驅逐艦撞成兩截，七天後才被救回。甘迺迪接著在索羅門群島前線指揮另外一艘魚雷艇，繼續作戰任務，一九四四年一月才因傷病返回美國就醫。尼克森則是於一九四三年十月抵達索羅門群島擔任航空運輸後勤任務，約於一九四四年底才調返美國。所以兩人至少有三個月的時間同樣派駐在索羅門群島，但應該沒見過面也互相不認識。

一九六〇年總統大選結果，聲望如日中天的甘迺迪以三〇三對二一九選舉人票擊敗了尼克森當選美國第三十五任總統，尼克森則是自一九四七年踏入政壇以來首度嘗到失敗的滋味。一九六二年尼克森舉家返回加利福尼亞居住，參加該年加州州長選舉，但再度慘遭滑鐵盧。

甘迺迪於一九六一年一月就任總統，政績斐然備受美國人民愛戴，但很不幸地於一九六三年十一月二十二日在達拉斯遭到暗殺，結束他璀璨而短暫的生命，副總統林登・詹森（Lyndon Johnson）立即接任總統職位。

尼克森於一九六八年贏得總統大選，隔年一月二十日就任第三十七任美國總統，他任命長於外交政策的猶太裔哈佛大學教授亨利・季辛吉（Henry Kissinger）為國家安全顧問，兩人頗為親密，尼克森對季辛吉的獻策可說是言聽計從。

尼克森原本的長期政治立場是強烈反共，但是坐上總統寶座之後，與季辛吉二人檔的外交主軸是打「中國牌」（China Card）以制衡蘇聯。他先派季辛吉於一九七一年七月，自巴基斯坦秘密前往北京與中共國家主席毛澤東及總理周恩來會晤，十月季辛吉又再度往訪，與周恩來談判未來兩國交往的一些原則（主要是台灣問題），及為尼克森未來訪問中國鋪路。

尼克森夫婦於一九七二年二月二十一日搭乘「空軍一號」抵達北京，見了毛澤東及周恩來，接著又前往杭州及上海訪問。尼克森訪問中國改變了雙方自一九五〇年以來的長期敵對態勢，次（一九七三）年，中美雙方互設「聯絡辦事處」，並進行所謂「關係正常化」。一九七九年一月一日在卡特（Jimmy Carter）政府時代，美國與中國建立正式外交關係，美國把外交承認從台北轉移到北京。美中關係的這段發展劇烈地改變了當時的世界局勢及其後數十年的發展。

尼克森與季辛吉體察美國反戰情緒，於是推動「越戰越南化」，有計劃地分階段從越南撤出美軍部隊，並與北越進行談判。季辛吉與談判對手北越政治局委員黎德壽，於一九七三年十二月共同獲得諾貝爾和平獎。十六個月之後，一九七五年四月三十日，南越首都西貢淪陷，北越佔領了南越全境統一了越南。

一九七二年美國舉行四年一次的總統選舉，尼克森再度獲共和黨支持競選連任，民主黨則推出南達科達州參議員麥高文（George McGovern）對壘。十一月七日投票結果，尼克森囊括了四十九個州的五二〇張選舉人票，麥高文則僅獲得麻塞諸塞州及華盛頓特區的十七張選舉人票，這是美國有史以來雙方候選人得票差距最大的一次。

但是尼克森壓倒性的勝利早在投票前就已籠罩陰影。在競選期間的一九七二年，民主黨全國委員會位於華府的水門大廈（Water Gate）發現被人侵入，然而當時總統尼克森及內閣試圖掩蓋事件真相。直至竊聽陰謀被發現，尼克森仍然阻撓國會調查，最終導致憲政危機。面對國會眾議院幾乎肯定通過的彈劾動議，並且也很可能會被參議院定罪，尼克森於一九七四年八月九日宣布辭去總統職務。副總統福特（Gerald Ford）繼任成為新的美國總統後，於九月八日宣布赦免尼克森一切刑事責任。

一九九四年四月二十二日，曾經叱吒風雲的理察．尼克森在紐約去世，享年八十一歲。他二戰期間的索羅門群島戰區的「刺激」經歷，意外換來他在政壇上的風風雨雨，更在台海兩岸有截然不同的評價與定位。這怎麼可能會是當年在窮鄉僻壤搬遷到城市的小尼克森可以想像的人生呢？

反觀由他所開啟、與北京的交往，近五十年之後的今天看來，美國與中共關係丕變，雙方關係交惡，不僅進行貿易戰爭，互相關閉總領事館，兩國在西太平洋及南海經常有摩擦，外交上幾乎天天對罵口出惡言，好像瀕臨交戰。這景象恐怕是當年對雙邊關係懷有期待，搭上破冰之旅的尼克森所難以想像的結果。

尼克森（右）在南太平洋的戰區基地與戰友在吉普車前合影，他在此累積了人生的第一桶金。（US Navy）

尼克森（後排左二）以及同一單位的官兵在運輸機前合影，由於這並非戰鬥單位，因此不會每日處在危險之中。（US Navy）

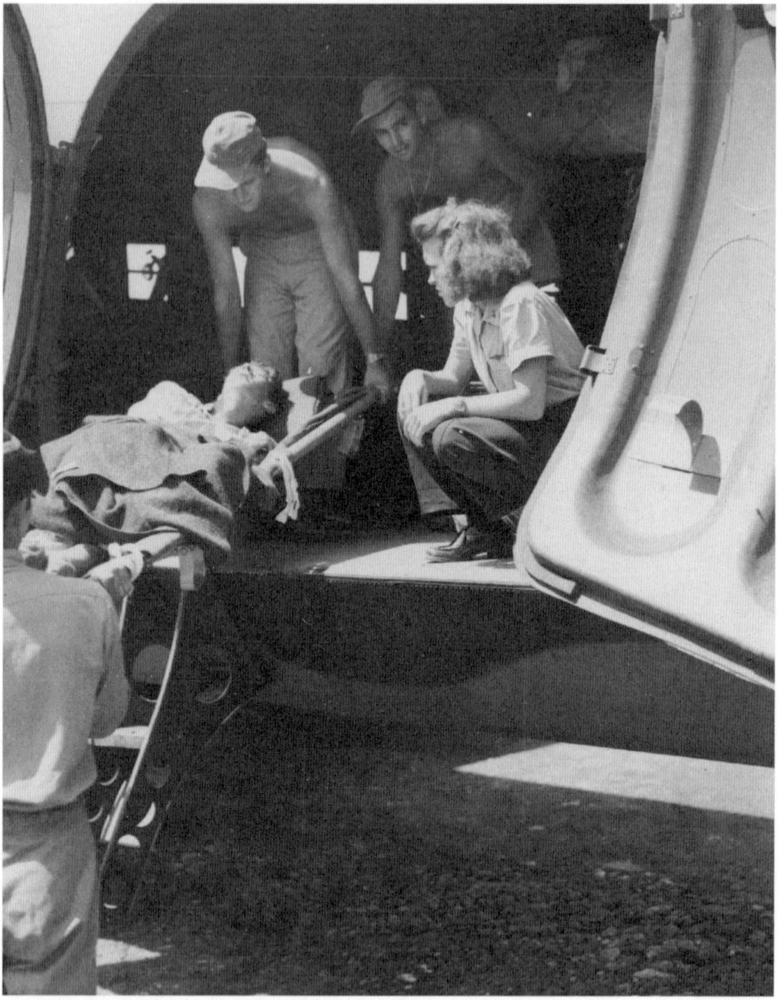

尼克森的單位，其中包括負責傷兵的後送工作。（US Navy）

第十五章

登上最後一架
特攻飛機的將軍

「與其羞恥地在世界上苟活，我寧願掌握自己死的時機。」

山本五十六大將的左右手，聯合艦隊參謀長宇垣纏中將。

宇垣纏一八九〇年出生於岡山縣，一九〇九年進入日本海軍兵學校，與在中途島殉職的山口多聞少將是同期生。一九一三年任官海軍少尉，之後順利逐級晉升為少佐。歷任海軍軍令部參謀、駐德國海軍助理武官、艦隊參謀、艦長、戰隊長，開戰之前接任聯合艦隊參謀長，成為山本五十六的左右手。宇垣是個幹勁十足，且足智多謀的軍官，對於能力比自己低的人，一向是看不起且不假辭色，因此有「黃金假面」的綽號。

一九四三年四月十八日，時任聯合艦隊參謀長的宇垣纏海軍中將陪同司令長官山本五十六，分別搭乘兩架三菱一式陸攻轟炸機，自拉包爾飛往索羅門群島的短土島及布干維爾島視察。不料日軍的電碼早已遭美軍破解，此次山本的行程電文也遭破譯，於是美軍展開攔截狙殺山本的「復仇行動」。最後兩人的座機在布干維爾島南部上空先後被美機擊落，山本與同機的隨員及飛行員全數陣亡，宇垣纏的座機則在海上迫降。兩架專機只有他與一名參謀、一名飛行員僥倖存活，被布因附近日軍救起。山本五十六以下幕僚及機組人員全數殉國。

宇垣纏中將事後在日記《戰藻録》中記下事情之所以會發生的原因。

山本長官一行的行動本來是嚴格保密的，然而位於布因島南面的短土島水上飛機基地指揮官為了表示禮儀，在給其所屬部隊拍電報時，曾出現過「長官將到此地」的電文，這一電文被設於珍珠港的情報機構截獲並破譯了電碼。這一情報當即送到瓜島的韓德森機場。

中途島海戰過後，山本五十六曾為自己的命運下過預言，不幸的是預言果然應驗了。

宇垣纏接續寫道：

強烈主張開戰的人也許直到現在依然做著他們的勝利美夢吧？我們這些只是奉命在前線打仗的人也許還能得救吧？他遠見卓識，堅決反對跟美英打仗。在他的意見未被採納以後，他雖然知道國家命運的未來，但還是不得不用自己的雙肩擔負起國家的命運。司令長官的這種矛盾心情我是無法用筆墨描述的。

我在特魯克悲傷地看著降下大將旗的武藏號旗艦的桅杆時，不由產生了以上的想法。

大難不死的宇垣纏，經過幾個月的療傷休養後，繼續受到日本軍方委以重任，於一九四四年二月被任命為第一戰隊中將司令，麾下有大和號、武藏號及長門號等三艘日本火力最強的主力艦，也是當時世界噸位最大、戰鬥力最強的軍艦。十月下旬，第一戰隊加入栗田健男中將指揮的第一游擊部隊，與美軍在菲律賓的雷伊泰灣（Leyte Gulf）發生海戰。結果日軍慘敗，山本五十六生前的最後旗艦武藏號被擊沉，另兩艘巨艦也沒能發揮作用，有如被供奉的白象。有人主張，個性剛烈的宇垣纏出身海軍兵學校看不起非江田島[1]出身的栗田領導，因此與同樣是中將位階的栗田健男關係不睦，是導致第一游擊部隊進入雷伊泰灣壓制美軍艦隊之後，卻沒有乘勝追擊擴大戰果、虛晃一招就北上離開戰場的主因之一。

隔年二月，宇垣纏被召回日本出任海軍第五航空艦隊司令，從雷伊泰灣海戰開始實施的神風特攻隊於是就屬於他的麾下，總部設在九州南部山區一處堅固的碉堡之內。三月，他對停泊在烏利西環礁（Ulithi，屬密克羅尼西亞）的美國艦隊發動長程神風式自殺攻擊。四月發動第一波天號作戰，以各型可用飛機對在沖繩海域的美軍艦隻執行自殺攻擊。同時他也在九州多處機場隱藏了數百架飛機，準備在美軍登陸日本本土時做出最後一擊。然而，「菊水一號」作戰期間，宇垣中將與大西瀧治郎中將的神風部隊，分別從九州、臺灣出發，總共約

---

1 註：位於廣島西南海灣，島上設有海軍兵學校。

有一千四百六十五架特攻機，日夜地攻擊沖繩的美軍。這些攻擊所獲得的戰果，乃是神風特攻隊的最大成果。

一九四五年八月十五日，在遭受美國以原子彈轟炸廣島及長崎之後，日本天皇以廣播宣布日本無條件投降。這對滿腦軍國主義、忠君思想的宇垣纏而言不啻晴天霹靂，但他認為還沒收到正式的停戰命令，於是決心要親自執行最後一次神風任務。他在日記《戰藻録》裡寫了人生的最後一行字：「死吧！大家都死了，我也會跟上的！」

宇垣纏原是個「大艦巨砲主義」的堅實擁護者，他曾表示：「在廣闊大洋上，只能小規模地使用岸基航空兵力。我認為，單靠航空母艦不能為攻勢作戰提供足夠的航空兵力。大家都認為，戰鬥艦是有價值的作戰工具。除非我們有別的辦法制服敵人的戰鬥艦，否則，我們必須保持自己的戰鬥艦實力。」然而，戰爭到了這個階段，日本已經沒有任何可以與盟軍相比拚的大艦，宇垣為了一圓自己心中對死的憧憬，決定最後一次坐進一架從岸上起飛的飛機座艙裡。

宇垣纏指示部下準備三架飛機，打算進行最後一次神風特攻，他的參謀長以日皇已宣布投降為由加以勸阻，宇垣答稱：「**與其羞恥地在世界上苟活，我寧願掌握自己死的時機。**」

他的舉動獲得一些特攻隊員熱烈響應，共有十一架加了單程油料的飛機在跑道上待命，準備進行最後一次「特攻任務」，出擊的隊名也因此直白地命名為「最後的神風特別攻擊隊」。宇垣纏換上海軍第三種軍裝的深綠色制服，帶著山本五十六送給他的匕首，登上其中一架彗星艦爆機。彗星式乘員僅兩人，他要求後座的無線電員讓位，但無線電員拒絕，於是兩人硬擠在後座，成為司令長官跟一名軍曹共乘一座的奇怪畫面。

一九四五年八月十五日，第二次世界大戰終戰日傍晚五點，共有十一架飛機二十三人從九州起飛航向沖繩海域。七點二十四分，飛機無線電報稱即將俯衝向一艘美國軍艦，此後再無音訊。實際上美軍紀錄當天並無遭受特攻機攻擊的訊息，但是盟軍艦隻的水手曾目睹數架日機墜落在沖繩北邊海面。第二天，美軍一艘登陸艇在沖繩北邊的伊平屋島海灘發現一架彗星艦爆機，座艙內不尋常地有三具日軍屍體。宇垣纏的這段飛行成了日本二戰期間「最後的神風」，他本人也成為第二次世界大戰「最後的亡魂」。

準備赴義的宇垣纏，在鏡頭前留下最後的微笑身影。即使天皇已經宣布投降，他依然不放棄要為天皇捐軀的意志，登上彗星艦爆機執行「最後的神風特別攻擊隊」任務。

一九四二年，轉移帥旗至服役沒有多久的聯合艦隊旗艦大和號，聯合艦隊參謀部與司令長官在甲板上的留影。前排左五即宇垣纏，在他左邊的就是山本五十六。

第十六章

拉包爾，日本在西南太平洋的最後堡壘

自日軍於一九四二年初佔領之後至一九四三年初，拉包爾仍然偏安一角、遠離戰火。然而，盟軍在西南太平洋的戰略規劃，「馬車輪行動」的目的在孤立及削弱拉包爾。

山本五十六抵達拉包爾，親自督導「伊號作戰」。

拉包爾地處新幾內亞，是日軍二戰期間在西南太平洋（日本稱南東方面作戰）的重要基地，也是投入索羅門群島作戰的關鍵要衝。日軍在作戰期間花了很大的力氣建設以及防守這個堡壘。面對盟軍的「跳島戰略」，日本期待中的兩棲登陸作戰並沒有在這裡發生。

一八七一年普魯士統一了德意志、擊敗宿敵法國，於是也跟其他歐洲列強一樣積極對外擴張。一八八〇年後，德國陸續佔領新幾內亞北部的島嶼，並以當時有「鐵血宰相」之稱的俾斯麥之名稱為俾斯麥群島，附近的海域則稱為俾斯麥海。德國接著也佔領索羅門群島北部的布干維爾及布卡兩島嶼。一八八四年俾斯麥決定授權獲得特許的民營公司管理這些殖民地，當年十一月德意志新幾內亞公司（German New Guinea Company）於焉成立，德國國旗正式飄揚在俾斯麥群島及北索羅門群島。其後，西太平洋密克羅尼西亞、諾魯（Nauru）、帛琉（Palau）、北馬里亞納（North Mariana）、馬紹爾群島（Marshall Islands）等島嶼陸續成為德國殖民地，合稱德意志帝國太平洋保護地，亦由德意志新幾內亞公司管理。

一八九九年，德國改派一位總督直接管理這些西太平洋的殖民地。一九〇三年德意志新幾內亞總督哈爾（Albert Hahl）在新不列顛島的東端建立了拉包爾城及辛普森港（Simpsonhafen），並將首府遷至拉包爾。

第一次世界大戰於一九一四年爆發後，澳洲迅即派軍隊攻打新不列顛島及拉包爾，僅遭遇德國守軍象徵性的抵抗後佔領整個俾斯麥群島。日本則佔領德國在西太平洋赤道以北的其他屬地。一九一九年在巴黎簽訂的凡爾賽和約，戰敗的德國失去所有殖民地，包括德屬新幾內亞。一九二三年，國際聯盟正式將德屬新幾內亞及諾魯交由澳洲委任統治。德國在西太平洋赤道以北的其他屬地帛琉、馬紹爾群島、密克羅尼西亞及北馬里亞納等島嶼則交予日本委任統治，日本稱之為「南洋群島」。

一九四一年十二月八日，日本偷襲珍珠港，太平洋戰爭爆發，日軍迅即向東南亞及西太平洋各地發動攻擊。澳洲在拉包爾有一千四百名駐軍，機場有十架訓練機及四架輕型轟炸機；在鄰近的新愛爾蘭島（New Ireland）則僅有一百五十人的兵力。

日本據有加羅林群島的特魯克環礁，是日本海軍在西南太平洋最重要的基地，距離新幾內亞頗近，因此對拉包爾一直虎視眈眈。偷襲珍珠港之後，日軍即將攻擊拉包爾的態勢已經很明顯，澳軍除了加強當地的防衛措施，並先將婦女兒童撤離。

一九四二年一月四日開始，日軍不斷地以航空母艦艦載機攻擊拉包爾。一月十四日，日軍龐大的攻擊部隊，包括航空母艦加賀號與赤城號，七艘巡洋艦，十四艘驅逐艦及若干輔助艦艇在海軍上將井上成美率領下自特魯克出發航向拉包爾。一月二十日，一百架飛機分成數波攻擊拉包爾，重創澳軍陸上兵力及設施。日機轟炸持續至一月二十二日，當日上午三千名日軍登陸新愛爾蘭的首府卡維恩（Kavieng），傍晚至次日晨約五千名日軍陸續登陸辛普森港。防守的澳軍在做出一些抵抗後，指揮官下令所有人員分成小組撤退進入叢林。沒有準備打游擊戰的澳軍在叢林裡藏匿了幾個星期後，約有一千名澳軍被俘或投降。

日軍於一九四二年六月下旬以貨輪蒙特維多丸（もんてびでお丸），自拉包爾載送八百餘名澳軍俘虜及兩百餘名平民前往日本當奴工。七月一日經過呂宋島東北外海時，遭美軍鱘魚號潛艇（USS *Sturgeon*, SS-187）發射魚雷擊沉而罹難，成為澳洲史上最慘重的海事災難。

日軍在佔領拉包爾之後，除了原有的澳洲俘虜之外，也從中國、新加坡、馬來亞運來大批盟軍俘虜，以持續不斷強化在這個城市的各項軍事設施，包括挖掘數十公里長的地道以躲避盟軍的經常性轟炸。日軍還構築大量的兵營以容納更多的部隊，到了一九四三年以拉包爾

為基地的日軍總數高達十一萬人。拉包爾及辛普森港成為日軍進攻新幾內亞及索羅門群島的主要基地，辛普森港被稱為「南太平洋上的珍珠港」，日本海軍及陸軍裝備了高達五百餘門高射砲來防衛拉包爾及辛普森港。

佔領了拉包爾之後，除了兩座澳洲原有的機場外，日軍繼續在拉包爾附近興建三座擁有混凝土跑道及大量支援和維護設施的機場。他們建立一套有效的早期雷達警報系統，覆蓋拉包爾周圍一百四十公里的範圍，這些設施能對任何盟軍來犯提供預先三十至六十分鐘的警報。拉包爾儼然成為一個防守嚴密的馬蜂窩。

一九四二年八月七日，美軍登陸瓜達康納爾並佔領一手興建的機場之後，日軍極欲奪回瓜島機場，使得駐拉包爾的海陸空部隊變得更加忙碌。

為了奪回韓德森機場，駐拉包爾的海軍經常要派遣航速快捷的驅逐艦前往瓜島運送部隊、補給，有時還有砲轟機場跑道的任務，因為索羅門群島海域的白天是屬於盟軍的，所以只能在夜間進行，而且是當晚來回，被稱之為「東京快車」。由於拉包爾到瓜島路途遙遠，又要預防盟軍飛機空襲，所以有時執行「東京快車」的驅逐艦會先行抵達布干維爾島或短土島的前進基地，等入夜後再進入索羅門群島執行任務。

拉包爾至瓜達康納爾飛行單程約一千一百公里，來回就是兩千兩百公里，這幾乎已經是當時日軍主力飛機零式戰鬥機航程的極限。如果中途遭遇盟軍飛機攔截，或是飛抵瓜島上空時仙人掌航空隊起飛迎戰，均會增加零戰的燃油消耗，而無法順利飛返拉包爾基地，只能前往短土島或布干維爾島的前進基地降落。再加上與盟軍飛機接戰受創或燃油耗盡，或機械故障而必須在海面迫降後，因索羅門群島海域屬盟軍勢力範圍，日軍無法派機艦援救飛行員，導致日軍有經驗的飛行員耗損快速。其中海軍擁有多名王牌飛行員的日本優秀海軍航空戰隊——台南航空隊[1]，在太平洋戰爭爆發後曾有一段時間常駐拉包爾，他們也因為經常執行對索羅門群島的任務而折損了不少優秀飛行員。

自日軍於一九四二年初佔領之後至一九四三年初，拉包爾仍然偏安一角、遠離戰火。然

1 編註：這些飛行員包括《荒鷲武士》作者坂井三郎、西澤廣義、太田敏夫等。

而，盟軍在西南太平洋的戰略規劃，「馬車輪行動」（Operation Cartwheel）的目的，在於孤立及削弱拉包爾。瓜島戰役之後，在新幾內亞及索羅門群島的日本陸軍節節敗退，並逐步放棄瓜達康納爾及新喬治亞的柯隆邦加拉島和維拉拉維拉島。

日軍對於在瓜達康納爾及新幾內亞等戰役連續挫敗，以及盟軍對拉包爾逐漸形成包圍之勢倍感威脅，又於四月十八日發生聯合艦隊司令山本五十六在布干維爾島上空遭美軍機攔截擊殺的「海軍甲事件」，對駐守拉包爾日軍士氣打擊之大可想而知。

從一九四三年十月十二日起，在盟軍西南太平洋戰區空軍司令喬治肯尼（George Kenny）將軍指揮下，美國陸軍第五航空隊、澳洲皇家空軍和紐西蘭皇家空軍共同對拉包爾的機場、港口等軍事目標實施持續的轟炸行動。這項行動在十一月二日到達最高峰，盟軍出動七十二架B－25中型轟炸機在八十架P－38閃電式戰鬥機護航下，對拉包爾及辛普森港進行大規模轟炸，日軍人員、飛機與軍艦等也損失嚴重，日本海陸軍力受到重創。

但這一波轟炸只是拉包爾遭受苦難的開始。盟軍繼續從空中、海上及陸上擴大對拉包爾及周邊島嶼的包圍與進攻，直至二戰於一九四五年八月結束。

十一月一日，大批盟軍在龐大艦隊的護衛下登陸布干維爾島中部的奧古斯塔皇后灣

（Empress Augusta Bay），十二月十五日登陸新不列顛西端的阿拉威（Arawe）及格洛西斯特角（Cape Gloucester），日軍在此二處均布有重兵，且熱帶叢林濃密，雙方都死傷慘重形成長期膠著拉鋸戰，難有重大的戰果，直到終戰。

一九四三年起，盟軍在太平洋戰場上已擁有海空支配權，可以自由主動選擇戰場。就戰爭全局而言具有較大戰略價值的島嶼可加以奪取，同時繞過戰略價值較低或日軍防守較為堅固的島嶼，僅以海空封鎖癱瘓或降低其作戰能量，以節省盟軍人力及資源加速向日本本土進軍，此稱為「跳島戰略」（Island hopping）。

就日本而言，太平洋戰爭初期日軍瘋狂進軍東南亞及太平洋島嶼，每個佔領的地方都要部署兵力防守，再加上一九三七年以來的侵華戰爭被吸住大量的軍力，形成日軍備多力分無法任意調動兵力，陷入只能被動等盟軍選菜吃的困境。

跳島戰略自一九四三年底的「馬車輪行動」一起實施，盟軍幾輪轟炸拉包爾以及登陸布干維爾島及新不列顛島之後，對拉包爾保持適度的壓力，而未再投入過多的軍力攻打拉包爾。盟軍也在新佔領的布干維爾島興建幾座機場，以便就近對拉包爾進行轟炸。來自各地的盟軍飛機三不五時對拉包爾轟擊，海軍也在周圍外海部署軍艦及潛艇攻擊進出的日軍艦隻，使困守在圍城的大量日軍部隊不能自由調動，也無法獲得外界的支援補給。原本停泊在辛普森港的日海軍軍艦逐漸轉移至特魯克環礁，拉包爾五座機場的各式戰機也不堪戰爭損耗而逐漸減少。因為日軍防守拉包爾的防空砲火越來越弱，可作戰的飛機漸漸凋零，所以盟軍飛行員戲稱這種輕鬆的例行轟炸行動為「送牛奶」任務（milk run）。

拉包爾這種圍城狀態超過二十個月，缺乏補給使得日本軍人、戰俘、勞工等都無法得到足夠的糧食。長期飢餓使得日軍體力衰弱，無法正常作戰，甚至更加容易感染瘧疾等熱帶疾病。泥菩薩過河自身難保，停留在新幾內亞島、布干維爾島及新不列顛島與盟軍作戰的日軍部隊，更不必期待來自拉包爾的支援。飢餓加上熱帶疾病以及每天的盟軍轟炸，極端惡劣的環境使得拉包爾變成像地獄一般，一九四五年起就經常有人吃人的傳聞。

在遭受美國以原子彈轟炸廣島及長崎之後，日本天皇於一九四五年八月十五日宣布無條件投降，這也解除了拉包爾長達二十個月的煎熬與苦難。澳洲於九月下旬派第十一師三千兵力前往拉包爾代表盟軍接受日軍投降時，拉包爾當時居然還有六萬九千名日軍，以及數不清的戰車大砲等裝備，顯示拉包爾日軍在經過盟軍長期的包圍與孤立之後仍然有相當的戰鬥力。只是這批奉天皇指示投降的日軍，因為經過長期缺糧而忍受飢饉，個個都成為瘦骨嶙峋的模樣。後來盟軍花了兩年的時間才把這些日軍全數遣返回日本。

日軍在佔領拉包爾期間對盟軍俘虜有許多殘忍不人道的作為，終戰後盟軍在拉包爾設立軍事法庭進行審判，共進行了一百八十八場戰犯審訊，共有三百九十名日軍受到審訊，其中兩百六十六人被判決有罪。當中死刑八十七人，被處以絞刑或槍決[2]。

國軍戰俘

日軍於一九四二年二月佔領拉包爾之後，把拉包爾建立成為一個強大的陸海空軍事基地，需要大量的勞力構築軍事設施及躲避空襲的地道，於是從新加坡及中國大陸等佔領區運送大量盟軍戰俘來此做工，除了澳軍、英軍、美軍及印度軍外，還有一千六百餘名中國軍人。一九四二年日軍曾從南京第一監獄調出一千餘名戰俘到南洋做苦工，其中包括抗戰初期堅守

2 編註：英國與澳軍太平洋戰區軍事法庭在戰後對戰犯的審判當中，總共有一百四十八件死刑定讞，其中在拉包爾法庭就佔了約六成左右的死刑。相較於一般盟軍不以槍決方式處刑，英軍、澳軍卻會選擇這樣的方式懲處戰犯。拉包爾其中執行了八十四件絞刑。

上海四行倉庫的八十八師五二四團「八百壯士」中的三十六名官兵，以及衢州會戰[3]遭俘虜的國軍官兵等。

在天氣燠熱、蚊蟲肆虐的熱帶島嶼，當戰俘每天勞動十餘小時，被盟軍包圍孤立長期糧食不足，每天還要躲避盟軍轟炸，其辛苦煎熬實難以想像。再加上日軍以不人道方式對待俘虜，致使一千六百餘名國軍戰俘有六百五十三人死在營中，約九百餘人倖存至終戰。日軍投降後，這些倖存的國軍戰俘立即重新組織整頓，組成警衛隊，防範日軍報復行動，分配自衛、巡邏等任務，成為一支像樣的部隊。一九四五年十月十日，他們還舉行中華民國國慶慶祝活動，拉包爾盟軍指揮官澳軍第十一師師長伊瑟少將（K. W. Eather）還特地檢閱了國軍軍營的警衛部隊。一九四六年，美國海軍派艦將他們載送回中國。

日本投降後，一九四六年三月拉包爾國軍生還者曾為死難的戰俘及當地華人修建一座公墓和一座「中國廣東民眾死亡紀念碑」。後來因國軍官兵返回中國，年代久遠後乏人照顧而傾頹，一九九四年再因火山爆發被夷為平地。二〇〇九年中華民國國防部特派一個迎靈小組前往拉包爾挖掘出「中國廣東民眾死亡紀念碑」，抄錄姓名後迎「中華民國國軍於巴紐陣亡將士之靈位」返台，入祀台北圓山忠烈祠正殿。

拉包爾小調

二戰期間一首日本海軍軍歌《南洋航路》歌詞是以拉包爾為背景創作的。此曲於一九四〇年創作，一九四四年由於拉包爾軍事地位越來越重要，被派駐在拉包爾的日軍超過十萬人，於是被改寫為《拉包爾小調》（ラバウル小唄），由新田八郎主唱。該曲以進行曲方式鋪陳，歌詞輕鬆簡單易唱，沒有描寫戰爭的恐怖，而是以抒情的方式表達軍旅生涯及對情人的思念，頗能鼓舞人心，成為二戰末期日本軍人與平民都朗朗上口的歌曲。此曲堪稱可與二戰最有名的德國歌曲《莉莉瑪蓮》（Lili Marlene）相提並論。一九五四年，日本導演本多豬四郎還以《拉包爾小調》為基調拍成電影《再見了，拉包爾》（さらばラバウル），台灣歌手洪榮宏也曾演唱這首二戰期間膾炙人口的歌曲。

3 註：日軍因杜立德轟炸日本後，部分飛機降落浙江衢州受當地民眾協助而進攻當地。

拉包爾小調（ラバウル小唄）

再會吧，拉包爾啊！船要啟航了
短暫的離別，淚水汩汩流下
看著那座島嶼，思戀懷念起來
椰子樹影下看見了南十字星

船要出港了，向著港外啟航
向我揮著手帕告別的，是我所愛的姑娘
忍著不讓聲音哭出來而在心中哭泣
雙手合十，感謝我心愛的人

海浪飛沫中，輾轉難眠的夜裡
在甲板上通宵的輕聲互表別離心聲
星星閃爍，稍縱即逝，你可曾看見
含在口中的香菸，也略帶著苦味

紅色夕陽沉沒於波浪間
盡頭在何方，所看到的盡頭深處是海平線
今日又是在南洋航海路線上
我一個人乘著船艦，猶如海鳥一般

那位姑娘稱道，果然不愧是個男子漢
船桅高聳，思緒澎湃心花怒放
心中所想的只是嚮往著遠方的夢想
今日是在赤道線上的椰子樹下

一九四三年十一月二日，盟軍猛烈轟炸拉包爾的辛普森港，可見圖中各處煙霧瀰漫，造成不同程度的損傷。（USAF）

山本五十六為出發執行「伊號作戰」的飛行員揮帽致意、送行。

拉包爾戰俘營，收容了來自中國與印度的戰俘，終戰後澳軍抵達時，國軍官兵列隊歡迎。（AWM）

拉包爾戰俘營中包含三名國軍八十八師五二四團「八百壯士」倖存官兵。（AWM）

第十七章

美軍的守護神，日軍口中的「灰色幽靈」——企業號的故事

除了九月間因遭日機攻擊受損而必須返回珍珠港修理外，企業號作為瓜島美軍的守護神，可說是不離不棄、有始有終。

脫離戰區，準備返回美國作升級改裝的企業號。（US Navy）

美軍在瓜達康納爾戰役期間，不管是在陸海空作戰，時時刻刻都是處於危機邊緣的時候。尤其在當時的美日海軍的實力，日本還是佔有了局部優勢。美國雖然在中途島擊沉了四艘日本航艦，本身用來維持海上制空權的平台依然珍貴。可以說，美國贏得了瓜達康納爾戰役，一直在周邊海域鞠躬盡瘁的企業號功不可沒，可謂在瓜島作戰美軍的守護神。

企業號航空母艦，是美國海軍約克鎮級（*Yorktown* Class）航空母艦的二號艦，她在太平洋戰爭期間可以說是無役不與，戰功彪炳。參加過太平洋戰區的二十場戰役，總共擊沉敵艦七十一艘，擊傷敵艦一百九十二艘，空中擊落敵機四百零四架，地面擊毀敵機五百零七架，並獲得數十枚戰爭表揚獎章，至今依然沒有任何一艘其他軍艦可以超越企業號的成就。

其中該艦參與最長的戰事，就是長達六個月的瓜達康納爾之役（一九四二年八月至一九四三年二月）。企業號曾經多次遭到日軍飛機的轟炸，但是都可以存活修復、迅速回到戰場，有如浴火鳳凰。美軍就給這艘傳奇的軍艦取綽號為幸運的E（Lucky E）、大E（Big E）。日軍曾經數度攻擊企業號，且以為已經擊沉這艘日人恨之入骨的航艦，但不久企業號又出現在太平洋上，於是日本人口中的「灰色幽靈」（灰色の亡霊）之稱號不脛而走。

企業號是美軍第七艘以企業為名的軍艦，艦名源自美國獨立戰爭期間，大陸軍俘獲並更名的一艘英國單桅縱帆船。企業號於一九三四年在維吉尼亞州紐波特紐斯造船廠（Newport News Shipbuilding）開始建造，一九三六年下水，一九三八年成軍服役。下水時排水量一萬九千八百噸，滿載兩萬五千五百噸；全長兩百四十六・七公尺，寬三十三・二公尺；十二萬匹軸馬力，高速可達三十二・五節，續航力可達一萬兩千海里；標準乘員軍官兩百二十七名，水兵一千九百九十名。企業號可以裝載九十六架各式艦載機，是她最主要的攻擊手段；八門雙聯裝五吋砲，及三十餘座各式防空火砲則是她的防禦武器。

一九三八年五月十二日，企業號正式服役後在加勒比海及大西洋海域巡弋及訓練。一九四〇年三月編入美國太平洋艦隊，進駐聖地牙哥。後來美國總統羅斯福感受到日本侵略中國情勢的壓力，遂指示企業號移師夏威夷珍珠港「前進基地」，以防備日本在太平洋的擴張。一九四一年二月，美國海軍改組重設太平洋艦隊，企業號繼續在夏威夷及美國西岸之間執勤。

日本偷襲珍珠港

一九四一年十一月二十八日，企業號搭載了海軍陸戰隊的飛機，組成第八特遣艦隊前往增援中太平洋的威克島（Wake Island），以增強海軍對日軍所據中太平洋島嶼的偵察能力。十二月四日企業號釋出陸戰隊的飛機後返航，並預定在六日返抵珍珠港。

十二月六日，企業號在返回珍珠港的路上遇到強烈風浪，使航程延誤。七日早上六時十五分，企業號在歐胡島以西約兩百海里處，艦隊司令海爾賽中將先派出企業號兩架SBD無畏式俯衝轟炸機，前往珍珠港的福特島機場，二十分鐘後再派出十六架SBD為艦隊作海面偵察。八時二十分，企業號首兩架SBD飛抵歐胡島，發現珍珠港上空滿布防空砲火，而機場上空又有多架美機盤旋。正當兩機狐疑之際，幾架零式戰鬥機突然出現並開始攻擊。SBD飛行員才突然醒悟珍珠港遭到日本空襲。然而兩機最終成功擺脫零戰，而且撐過密集的友軍防空火砲，奇蹟似地降落到珍珠港中央的福特島機場。

不久，餘下的十五架SBD也抵達珍珠港。海爾賽於八時接到珍珠港的警報，稱港口遭到日軍空襲。企業號隨即派出F4F野貓式戰鬥機戒備，並且等待偵察報告。不久福特島的SBD起飛向西南偵搜敵蹤，但只發現逃出港口並嘗試與企業號會合的美軍艦艇。五架SBD最終成功返回企業號，而另外兩架則在福特島降落，其他全部遭零戰或友軍砲火擊落。

這是企業號第一次與日軍交戰的經驗，她因為天氣惡劣而延後一天進港，逃過了被日機轟炸的劫數。企業號於七日晚間駛入滿目瘡痍的珍珠港，迅速進行補給後，第二天即匆匆離港繼續搜索日軍艦隊，並再度前往威克島援救遭日軍進攻的美國守軍，開始了她長達三年餘的作戰任務。

一九四二年一月初，企業號前往南太平洋美屬薩摩亞，與增援該處的約克鎮號航空母艦會合。其時日軍迅速進攻並控制了俾斯麥群島（見第十六章），新任太平洋艦隊總司令尼米茲上將決定派航艦空襲日軍盤據的馬紹爾群島及吉爾伯特群島（Gilbert Islands），以提昇艦隊士氣。之後直至三月，企業號與約克鎮號持續在中、南太平洋日軍佔領的沃傑（Wotje）、艾盧克（Ailuk）、瓜加林（Kwajalein）等環礁共同或分進合擊進行空襲，以削弱日軍在中南太平洋之勢力。

空襲日本

日本未宣而戰偷襲珍珠港，令美國人民極端憤怒。羅斯福總統稱十二月七日是「國恥日」，並對日本及軸心國宣戰。積極準備報復的美軍，逐漸形成派遣陸軍航空隊的中程轟炸機空襲日本的計劃。早在二月份，大黃蜂號航艦便曾成功在海上試飛B－25米契爾中型轟炸機，四月二日大黃蜂號的第十八特遣艦隊離開舊金山灣區基地，啟程前往中太平洋預備空襲日本。由於大黃蜂號的飛行甲板塞滿了十六架陸軍轟炸機，艦載機無法起飛，因此尼米茲派企業號負責掩護。企業號八日離開珍珠港，十三日在夏威夷附近海面與大黃蜂號會合。

轟炸東京行動指揮官杜立德上校（James Doolittle）原希望艦隊可以在距離日本四百海里外才派出轟炸機，但艦隊在十八日清早遭到日本情報漁船發現。雖然美軍一艘隨行的輕巡洋艦先後擊沉了三艘漁船，但艦隊卻截聽到漁船對外發出「發現三艘航空母艦」的電文。艦隊指揮官海爾賽擔心被日本海軍攻擊，於是下令轟炸機即時起飛。八時十五分，杜立德的轟炸機隊在距離東京約六百六十八海里的惡劣海域成功起飛，企業號及大黃蜂號則即時調頭，在四月二十五日返抵珍珠港。杜立德率領轟炸機隊空襲東京、橫濱、名古屋、大阪、神戶等地的行動，對日本所造成的損失並不大，但是日本的民心士氣卻遭到嚴重打擊，美國國民及軍隊則受到莫大的鼓舞。

一九四二年七月十五日以企業號為首的第十六特遣艦隊離開珍珠港，前往南太平洋。二十六日與第十一特遣艦隊的薩拉托加號（USS *Saratoga*, CV-3），第十八特遣艦隊的胡蜂號（USS *Wasp*, CV-7）等艦在斐濟外海會合。三支艦隊再合組為第六十一特遣艦隊，然後掩護登陸艦隊前往瓜達康納爾島。八月七日陸戰隊登陸並佔據了圖拉吉以及瓜島部分地區包括韓德森機場，美、日地面部隊長達六個月的戰鬥自此展開。由於美軍登陸順利，第六十一特遣艦隊司令佛萊契在八日決定將其航艦部隊後撤補油，致使美軍巡洋艦及驅逐艦在沙沃島海戰慘敗。（見第六章）

東索羅門海戰

美軍順利登陸瓜島並奪取日軍所建的機場之後，日軍除了派一木支隊登陸瓜島企圖奪回機場外，並開始準備新一波海軍攻勢，企圖重奪瓜島一帶海域的控制權。八月中旬，日軍南雲忠一艦隊陸續離開特魯克，前往南太平洋。二十三日薩拉托加號接獲日軍的先遣登陸部隊行蹤情報，但無法找到對方。下午胡蜂號離隊補給油料，使接著的海戰只有企業號及薩拉托加號兩艘航艦應對。

八月二十四日中午，企業號的偵察機分別發現並攻擊了日軍兩支分遣部隊，並輕傷了翔鶴號航艦。薩拉托加號則擊毀了用作誘餌的龍驤號輕型航艦。然而這波攻擊卻使日艦隊有機可乘。下午三時及四時，翔鶴號和瑞鶴號先後派出兩波機隊攻擊。企業號遭到數十架日軍飛機集中攻擊，有三枚炸彈擊中企業號，貫穿飛行甲板及機庫甲板引發大火，並摧毀多座防空砲、五吋砲及彈藥，引發另一波大火，共造成七十四人死亡，九十五人受傷。企業號的損管人員在一小時內控制了火勢，並填補了飛行甲板破洞。傍晚企業號恢復飛行作業，而舵機則在七時恢復正常，於是向後撤退，在三十一日於東加短暫停留，然後於九月十日返抵珍珠港維修。

聖克魯斯群島海戰

企業號在珍珠港維修期間，大幅強化航艦的防空火力。此時美國海軍在南太平洋陷入危機：薩拉托加號在八月三十一日被魚雷擊中，要返回珍珠港維修；九月十五日胡蜂號被日潛艇擊沉，使南太平洋只有大黃蜂號一艘航艦。企業號在趕工搶修下，終於在十月十四日離開船塢，預備到南太平洋支援。

此時，連續在八月及九月間兩度攻擊瓜島機場失敗的日軍，亟欲奪回這個具有戰略價值的機場，正在醞釀第三波的登陸瓜島行動。十月一日起至十七日間，日軍自拉包爾以「東京快車」輸送了一萬五千名部隊，加上各式火砲、戰車、彈藥及糧食等至瓜島。

十月十六日，企業號的第十六特遣艦隊離開珍珠港，趕往南太平洋。十八日，尼米茲撤換了南太平洋戰區總司令的職位，由海爾賽接任。海爾賽決定主動搜尋敵軍艦隊，以奪取瓜島四周的海、空控制權。二十四日，企業號與大黃蜂號會合，開始搜索日本艦隊。二十六日早上，在索羅門群島最東南端的聖克魯斯群島，日美雙方偵察機先後發現對方航艦，並派出機隊攻擊。企業號及大黃蜂號一共派出七十三架飛機，並在中途與日本艦載機交戰。企業號的機隊被零戰攔截而遭受極大損失，但大黃蜂號的機隊卻成功突破。

日本艦載機在八時五十五分被美軍艦隊雷達發現。此時企業號剛好進入了雨雲的掩護區域，使大黃蜂號成為日機眾矢之的，遭受重創。戰場另一邊，正當大黃蜂號嚴重受損的同時，美軍機隊抵達了日本艦隊上空。大黃蜂號首波俯衝轟炸機重創了翔鶴號的飛行甲板及機庫，使其失去作戰能力，但後續機隊卻未能發現日本航艦，只擊傷了筑摩號及利根號兩艘姊妹艦的重巡洋艦，以及照月號驅逐艦。

上午十時，企業號的編隊被日本潛艦攻擊。此時翔鶴號及瑞鶴號的四十四架飛機發現企業號並展開攻擊，但在企業號及南達科達號的密集防空火網下，大部分飛機遭到擊落。十時十七分，企業號終於被一枚炸彈擊中——炸彈擊中艦艏的飛行甲板，再穿過下層甲板，然後從艦艏斜出，最後在半空爆炸，引發機庫小火。第二枚炸彈緊接擊中艦艏升降機後方的飛行甲板，並斷開兩截，炸彈前部一直貫穿至第四層甲板爆炸，造成多人死亡。而後半截炸彈則在機庫爆炸，引發大火，同時切斷部分電力供應。最後第三枚炸彈則在艦體右舷近距爆炸，造成龍骨受損，並使其中一座蒸汽輪機無法運作。十時四十四分，九架日本魚雷機從左右兩面夾擊企業號，但企業號卻幸運地躲過全部魚雷。十一時，日軍隼鷹號航艦的機隊再次發動攻擊，但未擊中企業號，僅擊傷了在一旁護衛的南達科達號及聖胡安號輕巡洋艦（USS *San Juan*, CL-54）。

由於損失嚴重，指揮官下令艦隊撤退。大黃蜂號最終被美軍放棄，而企業號等則成功撤走，三十日航抵努美亞作緊急維修。失去了大黃蜂號之後，太平洋艦隊此時只剩下企業號一艘大型航艦可用（薩拉托加號仍在維修）。企業號官兵們在飛行甲板上排列出了「企業號對決日本」（Enterprise vs Japan）的字樣[1]，表達報仇的決心。

瓜達康納爾海戰

企業號搶修期間，日軍再次計劃重奪韓德森機場，而海爾賽則要求企業號盡快返回戰場。海軍工程師起初預計要二十一日才可使企業號恢復戰鬥狀態，但由於時間緊迫，十一月十一日企業號便離開努美亞，再次前往瓜島，航行途中搶修人員繼續在艦內趕工。十三日早上，企業號派出偵察機搜索隼鷹號及飛鷹號航艦，但沒有發現。基於安全考慮，海爾賽將企業號調到南面較安全的海域，而部分艦載機在早上出擊後則降落到韓德森機場支援。

瓜達康納爾島上的美軍陸戰隊，自八月初起在斐濟集結及登陸瓜島後，就一直受到企業號在瓜島周圍海域的保護。期間企業號還數度遭受日軍之攻擊，但是企業號未曾進入鐵底灣，所以島上陸戰隊根本無法目睹企業號與日軍作戰情形。十一月十三日，企業號艦載機降落在韓德森機場，島上陸戰隊與企業號飛行員終於有融為一體，共同作戰的感覺了。

十三日晚，美日水面艦隊夜戰，雙方互有損失。十四日早上，企業號與韓德森機場的仙人掌航空隊擊沉了衣笠號重巡洋艦，擊傷鳥海號、摩耶號重巡洋艦、五十鈴號輕巡洋艦及滿潮號驅逐艦。中午，企業號機隊再次出擊，與陸上機場的飛機聯手進攻。當天企業號等共擊沉七艘運輸艦。下午，企業號因進入了雨雲區，避過了隼鷹號及飛鷹號的偵察。當晚美日戰艦砲戰，企業號則在十五日早上攻擊日軍殘餘的運輸艦，於中午撤返努美亞，最後在十六日抵達。接著一個月，企業號留在努美亞維修休整。

倫內爾島海戰

十二月四日，企業號開始在努美亞近海巡航並訓練。次日薩拉托加號抵達努美亞，使美軍航艦力量大為增加。一九四三年一月二十八日，企業號的第十六特遣艦隊離開努美亞，掩

1 編註：意指「一艦對戰一國」的決心。

護運輸艦增援瓜島，並預定在二十九日與薩拉托加號會合。會合前夕，特遣艦隊獲知美軍巡洋艦在倫內爾島（Rennell Island，位於瓜島以南兩百三十五公里外）遭到日軍艦隊攻擊。該批日本軍艦正進行「克號作戰」以掩護日軍撤離瓜島，而美軍當時尚未得悉日軍即將撤退。較接近的企業號即時加速前往支援。三十日企業號派出 F4F 戰機前往掩護受創的芝加哥號重巡洋艦，但日軍的陸基攻擊機最終仍擊沉了芝加哥號。二月一日企業號返抵艾斯比李杜桑多，九日美軍宣告佔領瓜島，瓜島戰役結束。除了九月間因遭日機攻擊受損而必須返回珍珠港修理外，企業號作為瓜島美軍的守護神可說是不離不棄、有始有終。

一九四五年六月七日，企業號返抵普吉灣海軍基地，並進入船塢維修。八月十五日，日本投降時，企業號仍在船塢之內。九月初，參與首階段魔毯行動（Operation Magic Carpet），最後一次前往太平洋，到珍珠港搭載美軍返國。二十五日，企業號搭載一千一百四十一名人員前往紐約，十月十七日抵達，參與二十七日紐約海軍日的盛大慶祝活

動。十一月初，前往英國作另一次魔毯行動，搭載了四千六百六十八人返回美國。一九四六年一月一日，企業號最後一次離開港口，前往亞速群島，接載了三千五百五十七人返國。一九四七年二月十七日，十八日企業號返抵紐澤西州貝永造船廠（Bayonne），預備退役。一九四七年二月十七日，企業號在貝永退役，並自此封存。

早在企業號預備退役前夕，美國國內已有聲音要求將企業號永久保存。一九四五年八月二戰結束後，海軍部長福萊斯特（James V. Forrestal）曾向杜魯門總統建言，稱企業號是海軍在二次大戰的絕佳象徵，建議政府以戰爭紀念物方式保留企業號，獲得杜魯門同意。當時美國海軍並沒有保留軍艦的傳統，全國只有具有歷史意義的憲法號及星座號兩艘帆船在行政命令下獲得保留。一九四六年，海軍先後向紐約、紐奧良、波特蘭及西雅圖等地政府提出捐贈，但各地均以維護成本過高為由婉拒。

企業號自此繼續在貝永封存。一九五〇年韓戰爆發，企業號在一九五一年被重編為攻擊航艦，舷號改為CVA－6；到一九五三年企業號又成為首批重編為反潛航艦的軍艦，舷號改為CVS－6。然而企業號無法在噴射機年代繼續服役，因此海軍實際上並沒有對企業號作任何改裝升級。

一九五六年十月二日，海軍將企業號從海軍名冊除籍，預備出售拆解，在退伍老兵中引起極大迴響。企業號的老兵組織（由退役上將海爾賽率領）即時向海軍及國會抗議。隔年五月二十二日，美國參議員、企業號老兵沃倫麥格努森（Warren Magnuson）向國會提出第九十六號聯合決議案，要求海軍部長將企業號轉交老兵組織，並置於華盛頓特區永久保留。這項議案在參眾兩院獲得支持，並獲時任總統艾森豪於一九五七年八月二十八日簽署生效。不過，決議案卻同時要求老兵組織必須在半年內籌募兩百萬美金，以支付艦艇保存費用，否則海軍部長將可在半年後出售企業號。由於時間緊促、金額過高及經濟不景氣，籌款運動最終失敗。結果，老兵組織與海軍達成妥協，放棄保留企業號，換取正在建造的全球第一艘核子動力航空母艦須命名為企業號。一九五八年七月一日，戰功彪炳、疤痕累累的企業號艦體以廢鐵價格五十六萬一千三百三十三美元出售。同年秋季企業號開始拆解，並在一九六〇年三月完成。

一九六一年，**世界第一艘核子動力航空母艦企業號**（USS *Enterprise*, CVN-65）成軍服役，二戰最傳奇的軍艦企業號果然像浴火鳳凰般獲得重生。

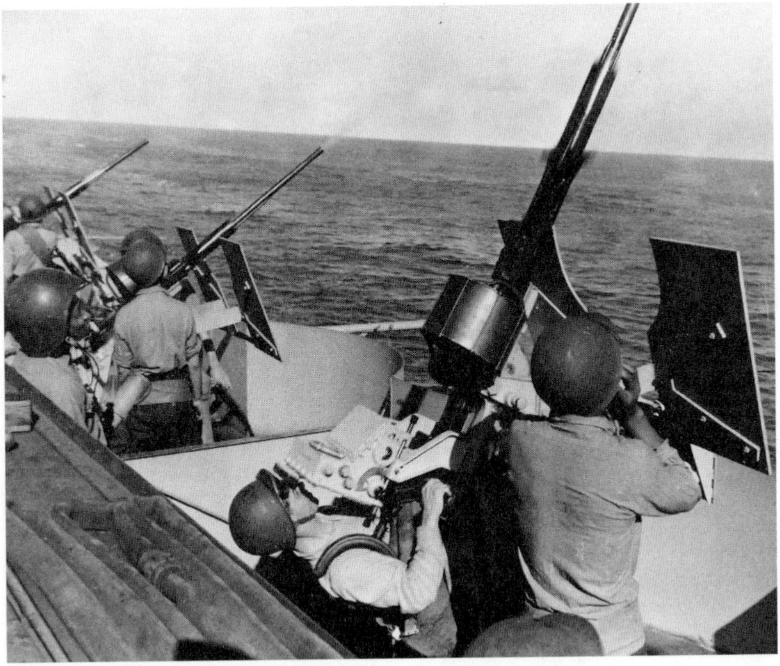

激烈開火，擊退日軍飛機的企業號水兵。（US Navy）

中彈受傷的企業號，二戰期間企業號曾多次遭受攻擊而逃過劫難。（US Navy）

世界第一艘核動力型航艦，CVN-65 企業號，拍攝於一九七五年南越西貢撤退任務之後。（US Navy）

結語

將近八十年過去，現在二〇二一年西太平洋的情勢與氛圍，儼然是一九四一年日本偷襲珍珠港之前的翻版。

第二次世界大戰結束迄今已經四分之三個世紀，可是在索羅門群島還到處看得到當年美國與日本交戰所遺留下的痕跡。除了醒目的美國及日本於瓜達康納爾立的戰役紀念碑，海邊還可見到鏽跡斑斑的日軍貨輪，陸上也看得到公家及私人收集的飛機、戰車、大砲及機槍等武器殘骸，鐵底灣裡盟軍與日軍的數十艘各型戰艦及上百架飛機更是潛水迷的最愛。索國警察也經常把平日發現的二戰末爆彈集中後，在安全隱蔽的地點給引爆。二〇二〇年九月，甚至有兩名外國專家在索國首都荷尼阿拉市處理未爆彈時不慎爆炸身亡。日本若干跟二戰退伍軍人有關的民間團體，每年都還組團到瓜島搜尋日軍遺骸。凡此，都在提醒人們當年戰爭的慘烈與可怕。

近年中國崛起之後，積極對外擴張，在南海礁岩填土造島部署軍力，在吉布地建立軍事基地，在印度洋與太平洋鋪設海底電纜並取得若干港口公司的股權或使用權。中國海軍積極造艦，軍艦已達三百餘艘，數量上已超越美國成為世界第一。中國目前擁有兩艘航空母艦，預計二〇三〇年之前再有兩艘。中國強大的政治、經濟及軍事影響力隨著「一帶一路」擴展至歐洲、中東、非洲、南亞、東南亞及南太平洋等地區，實力不容小覷。將近八十年過去，現在二〇二一年西太平洋的情勢與氛圍，儼然是一九四一年日本偷襲珍珠港之前的再現。

美國與中國之間的關係於近年急轉直下，雙方在貿易、自由航行、人權、竊取機密、新疆、香港問題等諸多方面的矛盾不斷，甚至還曾互相關閉領事館，派飛機軍艦接近對方領土。雙方在台海、南海及西太平洋的摩擦頻傳，每天互相叫罵出言恐嚇，一時間讓人以為兩國關係已經到達一觸即發的地步。美國與中國兩強的關係可說是進入「新冷戰」甚至所謂「暖戰」的階段。

拜登總統於二〇二一年元月接任後，美國與中國雙方的關係卻未見改善，美國國務卿布林肯、國家安全顧問蘇利文與中共中央外事工作委員會辦公室主任楊潔篪、外交部長王毅，於三月間在阿拉斯加會談，雙方脣槍舌劍各說各話毫不相讓，最後不歡而散，真是相見不如不見。兩國飛機及軍艦經常發生近距離接觸，雙方劍拔弩張，令人有捏一把冷汗之感。

在第二次世界大戰期間也遭受日本攻擊的澳洲，如今與中國的關係也正如美國與中國的互動，雙方在貿易、政治及人權等議題針鋒相對。澳洲自認是南太霸主，近年來中國軍艦停靠斐濟與萬那杜等國港口，二〇一九年與索羅門群島及吉里巴斯建交，在在令坎培拉政府感到威脅。

過去一個世紀以來，一戰、二戰、韓戰、越戰、以阿戰爭、波斯灣戰爭、反恐戰爭以及各地大大小小的衝突，甚至近年新型式的恐怖戰爭，造成無數人類的死傷。從歷史可以看出，可以說「**戰爭無勝者**」。現在的武器比起二戰的武器其精準度、殺傷力及毀滅性，相差豈止以道里計。一旦發生戰爭，會有多少人被捲入戰爭的漩渦而喪失生命？**人類應該記取教訓，慎防擦槍走火，切莫錯估情勢輕啟戰端，將人類引向滅亡**。

我在索羅門群島：

台灣大使的美日戰場見聞錄

My Time in Solomon Islands: World War II Battleground through the eyes of an Ambassador

作者：羅添宏大使
主編：區肇威（查理）
校對：魏秋綢
封面設計：兒日設計
內頁排版：宸遠彩藝

社長：郭重興
發行人兼出版總監：曾大福
出版發行：燎原出版／遠足文化事業股份有限公司
地址：新北市新店區民權路 108-2 號 9 樓
電話：02-22181417
傳真：02-86671065
客服專線：0800-221029
信箱：sparkspub@gmail.com

讀者服務

法律顧問：華洋法律事務所／蘇文生律師
印刷：成陽印刷股份有限公司

出版：2021 年 8 月／初版一刷
定價：380 元

ISBN 9789860629767（平裝）
9789860629781（EPUB）
9789860629774（PDF）

國家圖書館出版品預行編目 (CIP) 資料

我在索羅門群島：台灣大使的美日戰場見聞錄 = My time in Solomon Islands : World War II Battleground through the eyes of an ambassador/ 羅添宏作 . -- 初版 . -- 新北市 : 遠足文化事業股份有限公司燎原出版 , 2021.08

256 面 ; 14.8×21 公分

ISBN 978-986-06297-6-7(平裝)

1. 第二次世界大戰　　2. 戰史

712.843　　110010701